高等职业学校"双高计划"新形态一体化教材

宠物诊疗工作流程手册

新型活页式

- 主　编　徐茂森　胥辉豪
- 副主编　张　利　刘忠慧　刘　强
- 主　审　郑小波　张传师

华中科技大学出版社
http://press.hust.edu.cn
中国·武汉

内 容 简 介

本教材以职业能力培养为导向,采用校企"双元"共同合作模式,结合执业资格证书和"1+X"证书制度,描述了宠物医疗行业前台、诊断室、治疗室、化验室、影像室、住院部、药房、手术室中各岗位的工作内容与流程,并建构了大量原创数字资源。本教材在每项任务中列出了工作目标等内容,并配有工作思考、真题训练等内容,用于检验学习者的学习效果,开阔学习者的视野。本教材可以作为高等职业院校动物医学类学生的专业教材,也可以作为执业资格考试复习用书,还可以作为行业/企业培训教材及相关业内人士的学习参考书。

图书在版编目(CIP)数据

宠物诊疗工作流程手册:新型活页式/徐茂森,胥辉豪主编.—武汉:华中科技大学出版社,2023.5
ISBN 978-7-5680-9393-4

Ⅰ.①宠… Ⅱ.①徐… ②胥… Ⅲ.①宠物-动物疾病-诊疗-手册 Ⅳ.①S858.93-62

中国国家版本馆 CIP 数据核字(2023)第 082854 号

宠物诊疗工作流程手册(新型活页式)　　　　　　　　徐茂森　胥辉豪　主编
Chongwu Zhenliao Gongzuo Liucheng Shouce(Xinxing Huoyeshi)

策划编辑:张　玲
责任编辑:刘艳花　李　露
封面设计:原色设计
责任校对:李　弋
责任监印:周治超

出版发行:华中科技大学出版社(中国·武汉)　　电话:(027)81321913
　　　　　武汉市东湖新技术开发区华工科技园　　邮编:430223
录　　排:华中科技大学惠友文印中心
印　　刷:湖北新华印务有限公司
开　　本:787mm×1092mm　1/16
印　　张:12
字　　数:232千字
版　　次:2023年5月第1版第1次印刷
定　　价:59.00元

本书若有印装质量问题,请向出版社营销中心调换
全国免费服务热线:400-6679-118　　竭诚为您服务
版权所有　侵权必究

编写委员会

主　　编：徐茂森（重庆三峡职业学院）
　　　　　胥辉豪（西南大学）
副 主 编：张　利（辽宁农业职业技术学院）
　　　　　刘忠慧（江苏农牧科技职业学院）
　　　　　刘　强（南充职业技术学院）
参　　编：赵　燕（重庆三峡职业学院）
　　　　　李龙娇（重庆三峡职业学院）
　　　　　贺闪闪（重庆三峡职业学院）
　　　　　付贵花（重庆三峡职业学院）
　　　　　向邦全（重庆三峡职业学院）
　　　　　杨庆稳（重庆三峡职业学院）
　　　　　袁　听（重庆三峡职业学院）
　　　　　王晓艳（重庆三峡职业学院）
　　　　　郝春晖（辽宁农业职业技术学院）
　　　　　罗　军（六盘水职业技术学院）
企业指导：龚兴波（重庆博宠宠物有限公司）
　　　　　胡　欣（重庆欣宠宠物诊所）
　　　　　杜　艺（重庆望康宠物医院）
主　　审：郑小波（西南大学）
　　　　　张传师（重庆三峡职业学院）

Preface 前　言

党的二十大报告提出:"培养造就大批德才兼备的高素质人才,是国家和民族长远发展大计"。为深入贯彻落实党中央对技能人才工作的重要指示,大力弘扬劳模精神、劳动精神、工匠精神,加强应用技术型人才的培养与选拔,推进宠物职业技能人才队伍建设,促进宠物行业健康稳定持续发展,加强加快培养高素质、高技能的宠物行业人才,编写团队向有关专家、教师和企业一线人员广泛征求意见,确定了重点教学内容,以及教学资源的内容、形式和呈现方式。

本教材充分体现了以岗位工作任务为中心组织课程内容和课程教学的设计思想,有机融合了包含大国工匠、法治中国、科学思维、职业精神等在内的65个不同的课程思政内容,并结合执业资格证书、宠物领域"1+X"证书的具体要求,选取了近千道有代表性的真题。

教材图文并茂,将本专业新技术、新工艺、新设备及时纳入,包含大量以原创图片、文档、动画及微课视频为基础的数字资源,教材内容精练、准确、科学,体现了先进性、技术性、实用性,满足课程的教学需求,使新形式教材的建设更符合职业教育发展规律。教材编写中组建了多元的高水平编写团队,参与的行业/企业成员均为高管或一线专家。此外,教材开发将实现与重庆市在线精品课程、校级教学资源库的同步建设,将极大促进优质课程资源的协调整合。

重庆市宠物诊疗协会副理事长郑小波教授、重庆三峡职业学院动物科技学院党总支书记张传师教授对本教材进行了细心审阅并提出了宝贵意见,在此表示由衷感谢。

由于编者水平所限,书中难免存在错漏之处,敬请广大读者批评指正!

目 录

工作岗位 一 前台

- 任务一 档案管理 /2
- 任务二 各类预约 /3
- 任务三 接待流程 /5
- 任务四 狂犬病免疫证书管理 /9
- 任务五 文书管理 /10
- 任务六 日常工作 /13

工作岗位 二 诊断室

- 任务一 诊断室中的准备工作 /17
- 任务二 动物保定技术 /19
- 任务三 动物生命体征测量 /23
- 任务四 年龄与性别鉴定 /28
- 任务五 病史记录、体格检查与脱水程度评估 /30
- 任务六 疫苗使用 /36
- 任务七 常见给药技术 /39
- 任务八 留置针技术 /41
- 任务九 日常护理操作 /43
- 任务十 样本采集 /46

工作岗位 三 治疗室

- 任务一 鼻饲管放置技术 /52
- 任务二 食道饲管放置技术 /55
- 任务三 胸腔穿刺 /58
- 任务四 腹腔积液穿刺 /60
- 任务五 导尿技术 /62

任务六　灌肠技术　　　　　　　　　　/64
　　任务七　皮下脓肿治疗　　　　　　　　/66
　　任务八　外伤处理　　　　　　　　　　/68
　　任务九　常见绷带包扎技术　　　　　　/70
　　任务十　临终关怀与安乐死实施术　　　/73
　　任务十一　急救　　　　　　　　　　　/76
　　任务十二　心电图检查　　　　　　　　/80
　　任务十三　雾化　　　　　　　　　　　/83
　　任务十四　气管插管　　　　　　　　　/84
　　任务十五　补液技术　　　　　　　　　/89
　　任务十六　输血　　　　　　　　　　　/94

工作岗位四　化验室

　　任务一　血气检查　　　　　　　　　　/97
　　任务二　电解质检查　　　　　　　　　/99
　　任务三　血涂片与判读　　　　　　　　/103
　　任务四　尿液分析　　　　　　　　　　/108
　　任务五　粪便常规检查　　　　　　　　/112
　　任务六　皮肤样本镜检　　　　　　　　/116
　　任务七　血糖测量　　　　　　　　　　/120

工作岗位五　影像室

　　任务一　X射线检查　　　　　　　　　/123
　　任务二　超声检查　　　　　　　　　　/130
　　任务三　高级影像概述　　　　　　　　/133

工作岗位六　住院部

　　任务一　入院/出院工作流程　　　　　/135
　　任务二　住院动物日常护理　　　　　　/137
　　任务三　犬猫胃肠道疾病护理　　　　　/139
　　任务四　猫脂肪肝护理　　　　　　　　/140
　　任务五　猫尿闭护理　　　　　　　　　/142
　　任务六　急性肾损伤护理　　　　　　　/144
　　任务七　慢性肾病护理　　　　　　　　/146
　　任务八　胰腺炎护理　　　　　　　　　/147
　　任务九　牙科手术护理　　　　　　　　/149

任务十　骨科手术护理　　/150
　　任务十一　眼科手术护理　　/152

工作岗位七　药房

　　任务一　门诊动物针剂配药流程　　/154
　　任务二　口服药配药流程　　/157
　　任务三　常见药品的规格、用量及用法　　/158

工作岗位八　手术室

　　任务一　麻醉前准备　　/162
　　任务二　麻前用药和诱导麻醉　　/167
　　任务三　特殊体况动物麻醉方案　　/168
　　任务四　麻醉监护　　/170
　　任务五　手术无菌原则　　/172
　　任务六　外科基础技术　　/173
　　任务七　常见宠物牙科技术　　/175
　　任务八　器械保养　　/178
　　任务九　手术护理工作流程　　/181

参考文献　　/183

工作岗位一　前　　台

随着饲养宠物的人数不断上升,宠物诊疗行业得到了快速发展。近年来,宠物医院的规模逐渐扩大,仪器设备逐渐增多,人员分工逐步细化,各个部门之间要密切配合。前台对宠物医院来说是一个重要的接待岗位,前台员工要随时注意个人仪表,保持微笑,员工应具备细心、沉着冷静、乐于助人的品质,并给客户留下美好的印象。前台工作人员(员工)的一举一动都代表着医院形象。

前台岗位管理制度与职责

(1)员工必须按时上下班,不得无故缺勤。
(2)前台工作人员必须保持前台的干净整洁。
(3)工作时间内不得擅自离开工作岗位,不得做与工作和学习无关的事。
(4)有义务配合其他岗位的工作人员,应团结他人。
(5)尽善尽美地完成自己的工作,接待客户要热情细心,多忍让,多微笑。
①认真询问病例信息并做好登记。
②登记各种文书,制作各类销售报表。
③情况允许时帮助相关人员做一些基础检查工作。
④接听来电,安排预约事项,做好售后服务通知工作,做好客户的回访及维护工作。
⑤核查患病动物入院、出院等手续是否齐全。
⑥接待客户并引导客户携宠物就医,完善客户接待流程。
⑦销售前台货品区的产品并参与市场策划和推广工作。
⑧提高医院形象:保持前台、货品区、接待区的舒适整洁,做好安全防范工作;用热情的态度接听电话并处理相关事宜;维持前台区域的工作秩序。
⑨合理应用医院电脑,对前台的办公设备进行保养。
⑩完成院长交办的工作任务。
⑪不断提升自身能力以胜任本职工作。

任务一 档案管理

工作目标

掌握医院档案管理制度,熟悉操作前台管理系统。

工作内容

一、填写病例档案

当今电子病例档案变得越来越普遍,病历档案的建立要符合当地宠物医疗法规要求,大部分宠物医院的病历档案都包括家长(客人、客户)资料和患病宠物资料两部分。

基本信息由前台工作人员进行填写,包括家长及宠物(动物)姓名(向家长确定写法)、宠物种类(犬类、猫类或其他)、宠物品种(没有纯正血统的动物可以写为混血犬、家猫等)、毛色备注(灰白、橙白、红褐色等)。

二、称重并记录

动物的体重可反映动物的身体状况,同时也决定了用药的剂量。医院一般都有2个秤,一个用于体重在20磅及以下的动物,另一个用于体重超过20磅的动物(一般为台秤)。称重步骤如下。

(1)在将动物放置在秤上之前,应将秤归0。
(2)将动物放到秤上。
(3)称重。
①如果使用的是数字秤,应在数字显示稳定后读数。
②如果只有台秤,可先称自己的体重,然后抱着动物一起称体重,两者之差即为动物的体重。这种方法对于不愿在秤上待的动物很有用,但不适合体重太轻或太重的动物。
③将动物体重记录在病历上。

工作思考

宠物医疗工作中可能会出现医疗纠纷,如何处理医疗纠纷是值得思考的问题,医疗纠纷处理步骤如下。

(1)出现医疗纠纷后,相关人员应首先自行解决,如果未能妥善解决,应马上告知院长,由上级进行纠纷处理。

(2)处理时,应安抚客人情绪,避免其大声喧哗,不管纠纷的责任方在谁,首先要进行诚恳道歉,如:"实在不好意思,给您带来了不便,我非常抱歉"。

(3)让客人说出他不满意的地方,认真倾听。

(4)根据不同情况,以及客人的要求,进行纠纷处理。放低姿态,语气平稳地和客人叙述事件经过,对做得不对的地方进行诚恳道歉,若我方没有过错,应充分解释相关操作的合理性。

(5)客人不接受个人解释或者对处理结果不满意时,可将客人引荐给院长进行处理。

(6)如果事件已经妥善处理了,需在事件处理完毕后,将整个事件过程及解决过程上报给院长。

工作考核

内容	完成次数及时间	指导老师	被考核人员	是否通过	考核人员
填写病例档案					
称重并记录					

真题训练

任务二 各类预约

工作目标

掌握疫苗预约、手术预约和复诊预约的注意事项。

工作内容

做好预约安排工作可以保证工作流程顺畅,让客户安心,也可让工作人员提前做好准备,从而提高工作效率。

一、疫苗预约

如果宠物是第一次接种疫苗,前台工作人员要询问家长,宠物购买回来是否有一周,在此期间是否有异常,年龄是否已满三个月,进食排便是否有异常,是否与其他宠物有过接触。宠物买回来一周后没有出现异常,并且年龄达到要求,体温正常,无明显疾病,才可预约接种疫苗。

二、手术预约(以绝育为例)

绝育可以预防或治疗生殖系统疾病,降低乳腺肿瘤发生的概率;可以改善动物行为,避免动物发情走失;可以控制动物种群数量,提高宠物的生活质量,减少流浪动物的产生。

最佳绝育时间为动物第一次发情前,猫的最佳绝育年龄为5～6月龄,小型犬的为5～6月龄,大型犬的为9～15月龄。

绝育之前,建议先让动物完成免疫,使其有足够的抗体。动物术前6小时应禁食,术前3小时应禁水,且手术时不应在发情期内。在进行手术前,应为动物做一次检查,看其是否健康。

三、复诊预约

手术后一周左右需复诊,员工应告知家长注意事项,让家长按时坚持给动物饲药,之后及时进行电话回访,询问动物是否有好转。注意动物伤口不能碰水,要告知家长,如果动物伤口化脓,要及时把动物带到医院进行消毒处理。

工作思考

一、犬猫免疫原则

(1)基础免疫工作可在动物状况稳定且年龄达到6～8周龄时进行,每3～4周进行一次,直至动物满16周龄。

(2)每只16周龄及以上的犬猫皆须至少注射一次核心弱毒活疫苗。

(3)基础免疫后,血清抗体含量无法达到有效保护水平的,可在26周龄时再次进行加强免疫。

(4)老龄动物如有严重的系统性疾病可视身体状况每1.5～2年免疫一次。

二、不适合免疫的状况

(1)新犬猫换环境未达14天(常见病毒性传染病潜伏期约为2周)。

(2)犬猫年龄未达到要求。

(3)幼犬/幼猫体重过轻。

(4)原则上驱虫和免疫不应同时进行,建议至少间隔3天以上。

(5)与短效类固醇接种时间间隔未达7～10天(与长效类固醇可能需要间隔3～4周)。

(6)手术后一周内不建议免疫。

工作考核

内容	完成次数及时间	指导老师	被考核人员	是否通过	考核人员
疫苗预约					
手术预约					
复诊预约					

真题训练

任务三　接待流程

 工作目标

掌握前台一般接待流程,对就诊宠物进行分类,掌握接待急诊宠物和疑似传染病宠物的卫生防疫要求及人员防护要求。

 课程思政

主题:职业道德。
内容:商务人员职业道德规范。

 工作内容

动物就诊需要按一定的流程进行,规范化的工作流程不仅有助于提高工作效率、减少错误,还能使工作人员和客户都感到愉快。

一、一般接待流程

前台的一般接待流程如下。
(1)称呼客户(家长)姓名,以示尊重,注意眼神交流;呼唤宠物姓名,以示关爱。
(2)询问客户有什么可以帮助的。
(3)在预约登记本上标记已赴约客户。
(4)打开病历档案;确定病历记录单上有足够用于记录患病宠物检查结果的空间,如果没有,则应添加一张新的病历记录单。
(5)在病历记录单上记录就诊日期,并记录主述。

（6）在主述下面合适的地方粘贴需要的图标符号和标签，留出足够大的地方用于病历记录。

（7）将所有需要的表格和证明（收费单/划价单、同意书/证明书、出院说明）放入病历档案内。

（8）通知主治医生及相关人员，客户和患病宠物准备进入诊断室接受检查。

（9）带客户至接待区就座候诊，告知其可能需要等候的时间。

（10）提供宠物类杂志和宠物护理手册供宠物家长阅读；如果患病宠物没有被拴上牵引绳或被放在笼子里，应给客户提供牵引带或携带笼；宠物绝对不能在宠物医院（诊所）内的任何地方自由活动；如果有儿童在场，除了准备适宜的读物外，还应准备一些图画书和蜡笔。

（11）诊断室可以使用时，陪同客户和患病宠物一起进入。

二、就诊宠物分类及注意事项

就诊宠物通常分为两类：由家长牵遛进来的犬只、装在箱包中的小型犬或猫。在接待就诊宠物时，我们应注意的事项如下。

（1）接待时，应避免牵遛的犬只相互靠近，尤其是胆小紧张的犬只，以免犬只发生打斗行为。工作人员应礼貌建议牵遛犬只等待挂号的宠物家长在候诊区稍作等候。如果候诊的犬只比较多，应礼貌提醒家长将牵引绳尽量收紧，减少自己的宠物与其他犬只的接触。

（2）对于由家长牵引进入医院的犬只，门诊医师及协助工作的医疗工作人员（医疗技术人员、医师助理）应简单判断患病宠物的性情（如胆小紧张、有攻击性、温顺亲人等）。

（3）对于用箱包装载的猫，一般无法看清其情绪和姿态表现，切勿在候诊区和前台打开箱包，应提醒家长进入单独的诊断室后再打开箱包。

（4）应严禁就诊的犬只和猫在候诊区、诊断室内随意走动。

三、接诊的安全防护工作

在接诊宠物时，医护人员（医疗工作人员）应做如下安全防护工作。

（1）由家长牵引进入诊断室的犬只，如出现闪躲、低吼等现象，医师助理不得主动接触宠物，应由宠物家长将宠物放置在检查台上，由宠物家长指引犬只配合检查和处置操作。

（2）若家长表示犬只曾有攻击行为，则医师助理不得擅自主动接触宠物，应与宠物家长保持沟通，为宠物提供合适大小的口罩、头罩（头套），与宠物家长共同为宠物佩戴。

（3）博美、贵宾等品种的犬只比较胆小，可能表现出"犬仗人势"的攻击行为。可以尝试让家长将犬只抱起，将犬只的背部朝向有经验的医师助理，通过"接力"工作，医师助理可以保定好宠物，将其转移至诊断室内，完成相应的检查和处置操作。此时，宠物看不到家长，可能会更配合。

（4）暴躁的猫常常喜欢躲在箱包中，对靠近的医师助理可能会造成抓伤和咬伤。应提前与宠物家长沟通，并与箱包中的猫对视，在打开箱包的过程中，注意辨识其是否疑似为暴躁、有攻击性的猫。面对暴躁的猫，应提前准备硬质抓猫手套、12.5 cm的魔术贴头套、厚毛巾等。主治医师或医师助理应提前与家长沟通，了解宠物接诊原因、临床症状、病史等,确定其就诊原因(疫苗接种、体格检查、采血、外伤处理等),再实施保定工作。

(5)医师助理需要了解宠物大致的就诊原因,确定宠物患病的位置,在保定的过程中,避免触碰患处。对于因跛行、轻瘫、不明原因疼痛就诊的宠物,主治医师实施检查时,应根据具体情况,为宠物佩戴头套或者口罩,且需要观察犬只的疼痛反应(肢体回缩、有攻击行为、尖叫、怒吼等)。

四、接待急诊宠物的卫生防疫要求及人员防护要求

在接待急诊宠物时,应能达到以下卫生防疫要求及人员防护要求。

1. 卫生防疫要求

(1)及时佩戴手套,避免患宠交叉感染。

(2)参与急救的医疗技术人员,应尽量避免中途离开,不得佩戴着已污染的手套接触其他宠物。

(3)急救结束后,已污染的手套属于医疗垃圾,应及时处理。

(4)急救结束后,使用"六步洗手法"清洁双手。

(5)急救过程中使用的医疗耗材均为一次性的,如气管插管、压舌板、注射器、输液瓶、鼻氧管、包扎材料、留置针、导管、肛表套等,废弃物属于医疗垃圾,应及时清理。

(6)对于急救过程中使用的无菌医疗器械,如止血钳、剪刀、检耳镜、检眼镜、体温计等,使用后应按指定方式进行消毒。

(7)急救结束后,由参与急救的一名医疗技术人员完成场地环境消毒,应用消毒水擦拭检查台、临时观察用的吸氧笼、使用过的设备表面、污染的墙壁,利用紫外线和臭氧进行环境消毒。通常使用便携式超声机在急救场地完成超声检查,不占用超声检查室。若使用了X线片放射室,也必须对其及时进行消毒。

2. 人员防护要求

(1)及时佩戴手套,避免人畜共患病病原体的传播。急救结束后,使用"六步洗手法"清洁双手。

(2)正确处理注射针、玻片、刀片等,避免划伤或刺伤人体。

(3)有外伤的宠物因伤口疼痛或应激反应可能会出现攻击行为,工作人员应根据实际情况及时佩戴口罩和头套,避免受伤。

五、接待疑似传染病宠物的卫生防疫要求及人员防护要求

在接待疑似传染病宠物时,应能达到以下卫生防疫要求及人员防护要求。

1. 卫生防疫要求

(1)在前台区域,箱包内的宠物暂不可取出。客人挂号后,员工应礼貌指引客人在指定的候诊区域等待就诊。

(2)被牵引或抱着的患病宠物(患宠)暂不要随意放置在台面或地面,应让宠物同客人在指定的候诊区等待,员工应帮助客人完成挂号,并礼貌提醒客人患宠不得随意走动。

(3)由护士长安排患宠尽快就诊。由门诊医师在相对封闭的诊断室内完成宠物的体格检查、传染病抗原检测、采样、采血及其他处置操作。在检查台和小型台秤上使用一次性尿垫,以减少污染。

(4)由一名医师助理(助理)全程佩戴手套配合门诊医师完成所有检查和处置操作。助理中途不得接触其他宠物。若需要贴身保定宠物,可以在患宠身上垫一次性尿垫,以减少污染。

(5)应提前用含氯消毒水喷洒椅子和地面,静置30分钟。地面上应放置防滑指示牌,不锈钢椅上应放置消毒指示牌。30分钟后,擦干椅子和地面上的消毒水。

(6)确诊/疑似传染病宠物按要求住院接受治疗时,助理应亲自将宠物送至传染病隔离病房,由隔离病房护理人员完成后续治疗与护理工作。

(7)助理应及时分类处理诊断室内的垃圾。使用过的肛表套、尿垫、采血耗材、传染病检测耗材、注射器、玻片、酒精棉、纱布等,应放入医疗垃圾桶;注射器包装、草纸等,应放入普通垃圾桶;体温计、听诊器、检耳镜、检眼镜、体重秤、头套、口罩、止血钳、剪刀等,应及时在诊断室内按指定方式消毒。最后利用紫外线对诊断室消毒30分钟。

(8)助理脱掉手套,将工作服上衣脱下,换上新的工作服,将换下的工作服用消毒水浸泡30分钟后清洗晾干,助理当天应避免接触其他健康未免疫的宠物。

2. 人员防护要求

(1)及时佩戴手套,避免人畜共患病病原体的传播。脱下手套后,使用"六步洗手法"清洁双手。

(2)正确处理注射针、玻片、刀片等,避免划伤或刺伤人体。

 工作思考

员工应注意学习文明服务礼貌用语。

(1)请全体员工在工作中留意使用下列文明用语:请、您好、感谢、对不起、没关系、慢走。

(2)电话是工作人员与客人交流的窗口之一,在与客人进行电话交流时应注意使用礼貌用语:

①您好,××动物医院,(请问有什么可以帮助您的);

②请稍等。

犬冠状病毒病检测(微课)

 工作考核

真题训练

内容	完成次数及时间	指导老师	被考核人员	是否通过	考核人员
一般接待流程					
就诊宠物分类及注意事项					
接诊的安全防护工作					

续表

内容	完成次数及时间	指导老师	被考核人员	是否通过	考核人员
接待急诊宠物的卫生防疫要求及人员防护要求					
接待疑似传染病宠物的卫生防疫要求及人员防护要求					

任务四　狂犬病免疫证书管理

 工作目标

掌握狂犬病免疫证书管理内容。

 课程思政

主题：法治中国。
内容：狂犬病——重在预防。

 工作内容

狂犬疫苗的不断改进及国家对宠物的强制免疫要求为我国消灭狂犬病提供了保障。一般社区内的宠物都要进行狂犬疫苗注射，这是国家规定的，没有为宠物注射疫苗的家长将受到处罚，包括没收宠物等。

进行了免疫的宠物会有一个狂犬免疫证书（免疫证），此证由宠物医院/诊所的工作人员进行内容填写，由主治医生签字，以确保证书的准确性。生产疫苗的厂家在疫苗瓶子上使用了一种可以粘贴的标签，医生给宠物注射完疫苗后必须将疫苗上的标签撕下贴在疫苗本或免疫证上，免疫证上需要填写的资料包括疫苗生产商、疫苗种类（灭活疫苗或活疫苗）、产品批号。免疫证上还需填写家长的资料和对宠物的描述，免疫证上的住址必须详细，填好信息后，家长应签字，家长签字的地方还需要盖上医院的印章。免疫的持续期一般取决于使用的疫苗种类、当地的相关规定等，大部分医院都会制定电子版免疫记录，宠物下一针疫苗接种时间快到时会自动提醒。

免疫证上的免疫日期的有效期一般是 1 年。

工作思考

宠物免疫后,员工与家长的风险沟通内容如下。

(1)极少数犬猫可能会产生严重的全身反应,包括面部急性红肿、全身瘙痒、呕吐、软倒,甚至可能会出现急性过敏性休克,这些现象大多在疫苗注射后 20 分钟内发生。家长在现场等候时,若发现异常,应立即通知医疗工作人员。

(2)注射后 3 天内宠物都有可能产生轻微的全身反应,包括发热、发抖、精神沉郁、食欲下降、呕吐、软倒等,家长若发现宠物不适应及时联络医院。

(3)宠物可能产生的局部反应有注射部位红肿、变色、产生肿块。家长如发现宠物有上述状况,请避免动物搔抓注射部位并联络医院。

(4)极少数猫咪可能会在注射疫苗部位长肿瘤(概率约为 1/10000,且大多是狂犬病疫苗),且这在疫苗注射后数年都有可能发生,如家长在宠物注射部位发现肿块,请与医院联络。

(5)由于个体差异,个别宠物免疫后可能无法产生免疫反应生成抗体。

工作考核

真题训练

内容	完成次数及时间	指导老师	被考核人员	是否通过	考核人员
狂犬病免疫证书管理					

任务五 文书管理

工作目标

掌握医院各类文书(寄养协议、安乐协议、麻醉手术同意书、病危通知书、住院协议)的内容和填写注意事项。

课程思政

主题:法治中国。
内容:推进法治社会建设。

工作内容

一、寄养协议

宠物突然来到一个生疏的环境,多少会有点紧张,可能会情绪抑郁、食欲不振。家长应向宠物医院提供宠物食物,以及每餐喂食量标准、宠物喜好等信息,最好把宠物喜欢的玩具带上。年纪太小的动物不适宜寄养,因为幼小的宠物抵抗力弱,适应能力差,在寄养场所容易感染细菌,比较危险。如宠物平时就有过分认生的表现,建议不要选择寄养。因为这期间宠物很容易生病,个别宠物还会出现绝食甚至死亡的情况。

寄养对宠物心理或多或少会造成一些影响,尤其是猫,它们会有一些不适反应,因此寄养时间尽量不要超过一周。如果是时间比较长的寄养,还需要考虑宠物注射过的各种疫苗是否在寄养期间过期,确保宠物在寄养期间不感染任何疾病。

一定要将雌性宠物与雄性宠物分开寄养,家长与医院双方需要签寄养协议书,明确双方在寄养期间与寄养到期后的各项责任与义务等。

寄养需要提前做的准备及注意事项如下。

(1)将免疫本(免疫证)及相关文件准备好。

(2)患宠(患病宠物)不可寄养。

(3)宠物家长可以自带宠物日粮(还有保健品及零食),如果有条件,食盆、水盆、玩具等都可以提供。

(4)宠物被寄养后可能会出现一些后遗症,如出现长时间忧郁、不愿意与人亲近、不活泼、食欲不振等情况,或可能出现严重的皮肤病,且久治不愈等。

二、安乐协议

不到万不得已时不建议对宠物进行安乐,因为一旦选择了安乐就无法挽回。前台员工要向家长核对协议里面的内容,如:家长已清醒认识到宠物病情危重,在目前已有的条件下无治疗价值,为避免宠物痛苦,家长同意对自己的爱宠进行安乐死,一切责任由家长自愿承担,与宠物医院及实施人员无关。家长阅读完安乐协议后要填写基本资料,比如宠物姓名、家长姓名等并签字,如家长还需要火化之类的服务,前台可以提供相关资源让家长自行联系。

三、麻醉手术同意书

手术是治疗宠物疾病的一种方法,其有适应的范围,并有一定的危险性,医生将严格按照医疗制度及常规操作进行麻醉及手术。如出现医疗事故,轻者会给宠物带来身体上的痛苦和给家长带来经济上的负担,重者会导致宠物残疾甚至死亡。对此,医院应事先对家长声明,一旦宠物在麻醉及手术中或手术后出现病危甚至死亡的不良情况,医院将不承担任何责任,且将按医院规定收取相关费用,若家长同意实施麻醉及手术,必须签字认可,如家长不同意对宠物进行麻醉及手术,员工应不予强求。

在同意书上要说明手术的风险,如:宠物在手术过程中产生药物反应,麻醉会引发窒息、心脏骤停等;手术中突然停电、出现机器故障及一些不可抗的事故等;手术过程中出现大出血等;术后家长护理不当导致宠物出血、肠粘连、肠梗阻等;术后宠物的免疫力降低导致感染传染性疾病或患上其他并发症等;宠物自身免疫力低导致创口愈合不良等;出现宠物术后残疾及其他意外事故等。

家长认真阅读同意书后要填上宠物的基本资料,如体重、品种、手术时间、手术种类(绝育、肿瘤切除、伤口缝合等)等。

四、病危通知书

医院如果接收了较严重的病例或者宠物进行救治后没有好转,医院应向宠物家长说明情况,如:您的宠物目前所处状况很危险,宠物的病情已经危及生命,在治疗和抢救过程中随时都可能发生意外。在治疗和抢救过程中,您宠物的病情可能继续发展和恶化(高烧不退、心衰、呕吐、便血、过敏、死亡等),宠物被抢救过来后可能会出现抵抗力下降的现象,甚至可能会引发一系列并发症(咳嗽、皮肤病、慢性腹泻等)。

家长阅读后,若无异议,即可填写基本资料并签字,医生也需要签字盖章。

五、住院协议

若宠物需要住院,前台工作人员应将提前打印好的协议中的基本信息填好,由医生填写宠物症状、诊断结果及治疗方案,医生还应向家长说明,住院途中,若宠物病情出现恶化,医院会及时抢救(家长同意支付抢救费用),如宠物医治无效死亡,责任与医院及医护人员无关。家长要仔细阅读协议里的内容,同意则照章预缴纳费用并签字。

 工作思考

一份同意书/协议应包括的主要内容如下。
(1)兽医姓名。
(2)动物医院/诊所的名称、地址和电话。
(3)动物家长的姓名、地址和电话。
(4)患宠的姓名、品种、特征、年龄和性别。
(5)对某些特殊程序作授权声明。
(6)诊疗过程中可能存在的危险及可能出现的并发症,对于安乐死、卵巢子宫摘除术及断尾术等,应注明这些过程一旦实施就无法挽回。
(7)其他需要声明的事项。

 工作考核

真题训练

内容	完成次数及时间	指导老师	被考核人员	是否通过	考核人员
寄养协议					
安乐协议					
麻醉手术同意书					

续表

内容	完成次数及时间	指导老师	被考核人员	是否通过	考核人员
病危通知书					
住院协议					

任务六　日 常 工 作

掌握每日、每周、每月工作和岗位考核要素。

主题:新发展格局。

内容:聚焦产业转型升级和居民消费升级需要,扩大服务业有效供给,提高服务效率和服务品质,构建优质高效、结构优化、竞争力强的服务产业新体系。

前台工作人员必须是多面手,他们每日、每周、每月的工作内容相对繁杂。

一、每日工作

1.营业前的工作

(1)提醒员工打卡,并做好考勤监督工作。
(2)检查员工仪容仪表。
(3)清理前台工作区域。
(4)整理货品区的商品。

2.营业中的工作

(1)工作开展。
①检查客户回访登记表、来电登记表、预约登记表等。
②向院长提供需要回访的客户的资料,以便院长安排回访工作。
③接待客户、引领服务、销售产品等。
④接听电话、安排预约、回访客户。

⑤每日对账,确保物账对应。
⑥核查患病动物入院、出院等手续是否完整,准备好各种手续所需的物料。
⑦询问客户意见,了解客户感受,知晓客户对医院的评价,收集客户对医院的合理建议等。
（2）工作整理。
①维持前台形象,保持环境清洁并填写巡查登记表。
②理货、铺货。
③更新和分析客户资料。
④做好交接工作。
⑤向院长汇报销售情况、市场活动、客户管理情况及工作中遇到的重大情况。
（3）工作技能提升。
①学习产品知识。
②牢记宠物的信息。
③参加培训学习。
④设计并优化前台培训课件。

3. 下班前的工作

（1）做好各项工作报表,检查单据填写是否完善、规范。
（2）检查当天的客户的资料,核对营业额,并对单、交账。
（3）总结当天的业绩,对比目标与实际的差距。
（4）检查工作范围内的货品、电源设施等的情况。
（5）及时记录当天未处理的事项,做好交接工作（填写交接表并当面交接）。

二、每周工作

（1）对前台的各种设备/设施进行整体的检查维护。
（2）根据市场环境及实际销售情况,结合商品情况进行产品的促销和市场推广。
（3）在院内组织员工进行现场促销、市场推广活动的演练。
（4）发布医院会议通知。
（5）向上级汇报周工作总结,制定下周工作目标和计划。
（6）向院长提交形象礼仪评价表。

三、每月工作

（1）向院长汇报月工作总结,制定下月工作目标和计划（细化至每周）。
（2）向院长提交如下表格。
①客户回访统计/统计表。
②月度销售报表、营业报表。
③市场分析表。
④员工考勤统计表。
⑤月度商品入库表。
⑥月度商品盘点报表。

四、岗位考核要素

(1)货品销售额。
(2)仪容仪表。
(3)每天工作完成情况。
(4)每周工作完成情况。
(5)每月工作完成情况。
(6)员工评价。

工作思考

为给客户留下美好的印象,前台员工应注意以下几点。
(1)应面带微笑。
(2)应保持乐于助人的态度。
(3)要注意个人仪表。
(4)要及时接待每一位客户和患病动物。如果一些客户需要等待,即使是短暂的等待,也要与客户打好招呼。
(5)要有组织性。
(6)要有预见性。
(7)要细心。
(8)应熟悉医院/诊所的规定和工作流程。
(9)应沉着冷静。
(10)当感觉事务繁忙时,应先立即处理最紧急的工作,然后再处理其他工作,应知道执行各项工作的先后顺序。

工作考核

内容	完成次数及时间	指导老师	被考核人员	是否通过	考核人员
每日工作					
每周工作					
每月工作					
岗位考核要素					

真题训练

工作岗位二　诊　断　室

诊断室(诊室)是宠物医院诊治动物疾病的场所,是医院最基本和最核心的要素之一。诊室是体现专业度的场所,在诊室工作的工作人员要具备大量的专业技能及与人沟通的技巧。工作人员每天在结束工作前,应查看一下第二天的预约情况,注意预约的类型和时间,提前做好准备工作以提高工作效率。

诊断室岗位管理制度与职责

(1)绝不能在宠物家长面前说脏话,或做出其他不文明、不礼貌的行为(如只顾手上的活,不理、不看家长,长时间接电话,拉拉扯扯,拥抱,大声说话,尖叫,吃东西时讲话等)。

(2)在诊所要保持安静,不要把个人情绪,特别是对宠物家长的情绪带到工作中来。若宠物病重,要保证诊断室安静严肃。

(3)不要随便和客人交流不清楚的事,不可以对宠物家长说出任何具有诊断性或暗示疾病转归情况的表述,比如"我觉得它不可能是这个病"、"它已经好多了"、"我觉得应该没事"等。这些表述会带来不必要的麻烦和纠纷。若客人询问,则可礼貌回答"我不清楚,请询问主治医师"或"对不起,我不太清楚,让我来问一下主治医师"。

(4)上班期间不能玩手机。

(5)上班期间不能双手插兜,不能穿拖鞋。

(6)保持服装整洁,不能将裤子拖地,里面的衣服不能露在工作服外面。

(7)跟诊期间不要随意开玩笑,不要与主治医师顶嘴。

(8)扎好头发,不能佩戴花哨的首饰。

任务一　诊断室中的准备工作

 工作目标

掌握诊断室内的常规和特殊准备工作,掌握诊断室内环境与器材的消毒、清洁方法与注意事项。

 课程思政

主题:职业道德。
内容:"没有规矩,不成方圆"——兽医职业道德。

 工作内容

诊断室中的准备工作包括常规准备工作、特殊准备工作、诊断室消毒与清洁工作、器材清洁工作等。

一、常规准备工作

常规准备工作内容如下。
(1)在每次诊疗结束后,清洁诊断室并补充常用物品。
(2)检查地面和墙面是否有污染物,如果有则必须进行清洁。每天必须拖地两次,上午诊疗完后和下午诊疗完后各一次。
(3)所有非一次性器具,如耳镜,必须经清洗和消毒后才能放回原位。
(4)检查各种容器和抽屉以确定棉签、棉球、绷带、常规药物和化学药品准备充足。
(5)确保备有合适规格的检查用手套。
(6)如果垃圾桶内存在有异味的物质,应赶紧将其扔至室外指定的容器中,如有必要,可使用空气清新剂。

注意事项如下。
(1)这里说的清洁指常规清洁和常规消毒,对所有表面及患病动物直接与间接接触的物品进行消毒,包括诊疗台、工作台、水槽和水龙头。
(2)清洁器具时要将物品上的肥皂冲洗干净,因为残留的肥皂可能会抑制消毒剂发挥作用。
(3)了解诊断室中应放置哪些物品和不应放置哪些物品。
(4)清洗和消毒时要戴上手套。

(5)在诊断室中要放置消毒剂、空气清新剂和垃圾桶。
(6)按照从最高表面至最低表面的顺序来清洁诊断室。
(7)客户和患病动物离开后应立即清洁诊断室。
(8)使用纸巾或类似的一次性材料进行清洁。

二、特殊准备工作

将客户和患病动物带入诊断室前,应先仔细查看动物的病例,准备好接下来要使用的设备、药物。在进入诊断室前,通常要对动物进行称重,并将体重记录在病历上。为客户带来的实验室检验样本贴上标签,注明来源、检验项目及采集日期,然后将样品送至实验室等待检验。所有的样本都要记录在动物病历上,并在病历上留出空间用于记录结果。

注意事项如下。
(1)可通过查阅预约本或病历明确患病动物就诊的原因。
(2)尽量在客户和患病动物进入诊断室前就将所有要用到的物品都准备齐全。
(3)将要用到的物品放置在工作台上,并按顺序排放好物品。
(4)注意在接待区候诊的客户的数量,应尽可能快速地将他们安排到可以使用的诊断室去。
(5)应知晓不同类型的检查所需的不同物品(例如,知晓拆线时要使用拆线剪)。

三、诊断室消毒与清洁工作

了解常见微生物的消毒程序,确定诊断室内可能存在的微生物,准备好要用的消毒液,戴好手套,将清洁液喷在诊断室的地上,准备好拖把与抹布进行擦拭。收集使用过的一次性物品并将其放进垃圾桶,将清洁液喷向垃圾桶内进行消毒,将清洁液喷至诊断室的所有区域并保留几分钟,最后用干净的抹布擦拭干净。

将使用过的一次性物品,如尿垫、压舌板、纱布、绷带、纸胶、采样拭子等,放入医疗垃圾桶。将余下的包装纸、草纸等,放入普通垃圾桶。将非一次性的接触用品,如头套、口罩、手术器械(剪刀、止血钳等)、耳镜、眼压计、电剃刀、伍德氏灯等,按指定方式完成清洁与消毒。

清理诊疗台上及周围的毛发,将消毒水喷洒至台面,使用草纸由左往右(或由右往左)擦去污物及消毒液,同时将残留的草纸屑清理干净。

流浪犬/猫、外伤感染严重的犬/猫、疑似传染病犬/猫(尤其是患有上呼吸道疾病的犬/猫)使用过诊断室后,应按照"接待疑似传染病宠物的卫生防疫要求及人员防护要求",严格执行消毒程序。需要强调的是,诊断室用紫外线或臭氧消毒30分钟后,才可继续接诊。

注意事项如下。
(1)如垃圾存在异味,应将垃圾放置在室外,并更换垃圾桶内的垃圾袋。如果异味很重,可喷洒气味较淡的空气清新剂。
(2)做事时动作要快,不要拖拉。
(3)应提前制定一个常规的清洁程序。
(4)在诊断室内或附近放置好清洁用品。
(5)如果存在有机物质(主要包括粪便、尿液、血液、呕吐物等其他分泌物),要在使用清洁剂前使用清洁液。使用消毒剂前要将肥皂冲洗干净。

四、器材清洁工作

准备一个消毒托盘,用来放置手术器械(器材);准备好清洁液,用板刷清洗器材上的凹槽和折叠处;将器材冲洗干净;将所有物品依次放进托盘。

注意事项如下。

(1)将所有药品放好。

(2)在有机物和肥皂存在的条件下,消毒剂会失活,因此要先清除有机物和肥皂,以使消毒剂有效发挥作用。

(3)应了解清洁诊断室的方法与步骤,灵活利用消毒剂和消毒液,熟记诊断室内的常规准备工作和特殊准备工作的工作内容,同时谨记诊断室内某些工作的注意事项。

工作思考

六步洗手法的操作步骤如下。
(1)双手手心相互搓洗(双手合十搓五下);
(2)双手交叉搓洗手指缝(手心对手背,双手交叉相叠,左右手交换各搓洗五下);
(3)手心对手心搓洗手指缝(手心相对,十指交错,搓洗五下);
(4)指尖搓洗手心(指尖放于手心相互搓洗),左右手相同;
(5)一只手握住另一只手的拇指搓洗,左右手相同;
(6)指尖摩擦掌心或一只手握住另一只手的手腕转动搓洗,左右手相同。

工作考核

内容	完成次数及时间	指导老师	被考核人员	是否通过	考核人员
常规准备工作					
特殊准备工作					
诊断室消毒与清洁工作					
器材清洁工作					

犬恶心丝虫传播(动画)

宠物医院接诊流程(微课)

真题训练

任务二 动物保定技术

工作目标

根据实际情况合理选择动物的保定方法,并能正确操作。

课程思政

主题：法治中国。
内容：依法全面禁止食用野生动物。介绍农村杀猪时的保定方式，引入宠物保定技术。

 工作内容

保定是指在诊疗过程中，利用人力、器械或药物等控制宠物，以便于诊疗的实施。

一、概述

(1)进行保定之前，应与动物有一个简单的交流或接触，以此来评估该动物的配合程度及攻击系数。

(2)保定的目标是令动物及医护人员均不会有创伤和压力。

(3)保定引发的不良反应有：对宠物造成创伤，如过度用力使宠物扭伤或肌肉酸痛；或使宠物过度挣扎导致高热；短头颅（短而宽的头）动物易呼吸困难；宠物颈部用力过大导致眼球突出（移位），尤其是对于眼睛突出的犬（如巴哥犬）。

(4)保定时应考虑宠物的身体状况，例如一只腰椎受伤的犬需要温和的保定；对于患关节炎的犬，需要考虑到它们身体的许多区域可能存在疼痛的状况，过度保定可能会令宠物痛苦或导致宠物攻击人类；呼吸困难的犬同样需要温和的保定。

二、保定方法

(1)犬站立保定。

目的：将犬固定在站立位置，以执行体格检查、注射、静脉穿刺、眼科检查等操作。

方法：用一只手臂由下向上抱住犬的头部，另一只手臂放在犬的腹部下方肋骨和后肢之间的空间，尽量使犬紧靠操作者的身体。

(2)犬坐立保定。

目的：同站立保定的一样。

方法：如果犬站着，可尝试发出命令使犬坐下，也可轻轻地压下犬的后躯，鼓励它坐下，犬坐立后用一只手搂住犬的脖子，用另一只手固定犬的胸部，尽量使犬紧靠操作者身体。

(3)犬胸骨卧位保定。

目的：同站立保定的一样；在某些情况下，采取这种保定方式会使犬更加稳定与配合。

方法：一只手放在犬的脖子上，另一只手放在犬的背上，向前推犬，顺势用身体压住犬的背侧，这会鼓励犬趴卧下来。对于大型犬，这一保定方式需要两个人配合完成，一个人保定犬的前肢和头部，另一个人安抚犬的后躯使其趴卧。

(4)犬头部保定。

目的：约束犬只以便进行眼、耳或口腔检查及治疗等。

方法：固定犬只，使其处于坐、站或胸骨卧位状态，用两只手固定犬的头部，把手掌放在犬嘴角处,用手指固定其脸部。当犬处于胸骨卧位状态时,可以使用前臂来控制犬的头部,以防止犬只左右晃动。

(5)犬侧卧位保定。

目的:限制犬只以便进行导尿、注射、膀胱穿刺和侧隐静脉穿刺等操作。

方法:令犬站立,保定人员站立于犬的右侧,右臂从犬的颈部向前腿之间伸展,用右手抓住右前肢,把左臂放在犬的左侧背部,左手抓住犬的右后肢,紧握尉骨近端。令犬的身体靠近人员的身体,轻轻地抬起犬的四肢,同时将犬的身体放到桌子上,令犬侧卧,让犬放松几秒钟,但犬的四肢不能放松保定,如果犬不配合并企图起身,保定人员可以用右臂给犬颈部施加压力。如果是大型犬,需要两个人来完成保定,一个人控制前肢,另一个人控制后肢。释放犬时要小心,应该先松开后腿,再松开前腿。

(6)猫单手保定。

目的:当没有人帮助时,一个人即可完成注射等操作。

方法:一只手抓住猫的后颈处皮肤,同时将猫的左后肢一起固定在同一只手中,另一只手可以进行其他操作,如图2.1所示。

(7)猫胸骨卧位保定。

目的:约束猫以便进行静脉穿刺、注射和体格检查等操作。

方法:在抚摸猫的同时,轻轻地向下推猫,鼓励猫坐下,用手轻轻地向前推猫的肩膀和前腿,当猫处于胸骨卧位状态时,用手臂按压猫的身躯防止猫起身,如图2.2所示。

(8)猫站立保定。

目的:约束猫以便进行体格检查、修剪指甲或测量体温等操作。

方法:把猫放在桌子上,一只手搂住猫的脖子,另一只手把猫抱在腹部下面,如图2.3所示。

(9)猫头部保定。

目的:约束猫以便检查猫的耳朵、眼睛和嘴巴。

方法:猫可处于站立、坐立或胸骨卧位状态,手指放在猫的下巴下面,拇指放在猫的头上,固定猫的头部,如图2.4所示。

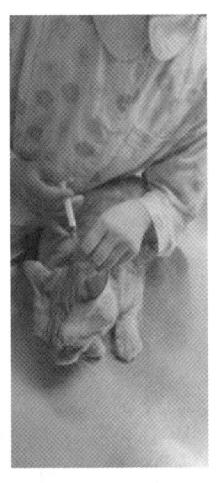   

图2.1 猫单手保定　　图2.2 猫胸骨卧位保定　　图2.3 猫站立保定　　图2.4 猫头部保定

(10)猫伸展保定。

目的:约束猫以便进行体格检查、注射或其他操作,该保定方法更安全,但这种技术不应在家长面前进行。

方法:一只手固定猫后颈处,另一只手抓住两后肢并向后拉伸,如图2.5所示。

(11)猫移动保定。

目的:约束猫以便将猫从处置台放入笼中。

方法:单手固定猫后颈处,肘部固定猫骨盆处,将猫稳定在自己的臀部;将猫放入笼子时,固定颈部的手保持不放,另一只手托住猫的后躯,将猫面朝笼子内侧壁后放手,如图2.6所示。

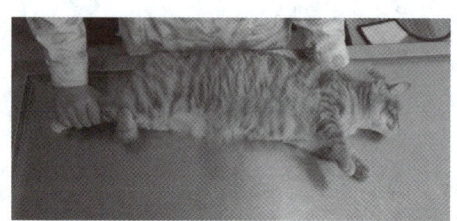

图2.5 猫伸展保定

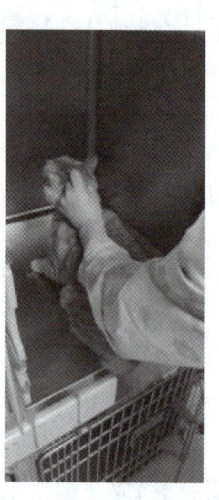

图2.6 猫移动保定

工作思考

保定的意义及注意事项如下。

保定的目的是使诊疗方便,并保证人和动物的安全。为了使保定顺利进行,员工应尽量让主人配合。

医院可在合适地方张贴相关信息,如图2.7所示。

保定的注意事项如下。

①应提前向宠物家长了解动物的习性,询问动物是否咬人、抓人,是否有特别敏感的部位不能让人接触。

②注意观察动物的反应,当其怒目圆睁,龇牙咧嘴,甚至发出"呜呜"的呼声时,应特别小心。

③接近动物时,应避免引起其惊恐不安。不能手拿棍棒或其他闪亮的、可发出声响的器械。

④接近犬猫时,禁止一哄而上,应避免粗暴的恐吓和突然的动作,以及可能引起犬猫防御性反应的各种刺激。

⑤检查者着装应符合兽医卫生和公共卫生习惯。

图2.7 提醒语

猫常见的保定方法(微课)

工作考核

内容	完成次数及时间	指导老师	被考核人员	是否通过	考核人员
犬站立保定					
犬坐立保定					
犬胸骨卧位保定					
犬头部保定					
犬侧卧位保定					
猫单手保定					
猫胸骨卧位保定					
猫站立保定					
猫头部保定					
猫伸展保定					
猫移动保定					

真题训练

任务三　动物生命体征测量

 工作目标

掌握动物体温、脉搏、呼吸频率(次数)和血压的测量方法,熟记动物生命体征的正常范围。

 课程思政

主题:法治中国。
内容:同一个地球,同一份健康——构建人类卫生健康共同体。

 工作内容

宠物诊疗中的生命体征是指患病动物的体温、脉搏、呼吸频率、血压等,这些指标是患病动物每次来到医院就诊时必须要检测和记录的。

一、测量体温

下面介绍测量体温的准备工作、操作步骤及注意事项。

1. 准备工作

(1)了解体温计的使用方法。

(2)准备酒精棉球和润滑剂。

(3)准备好肛表套。

2. 操作步骤

(1)使用数字体温计时,要先将体温计示数归零;使用玻璃体温计(水银温度计)时,应先将水银柱甩至最低刻度之下。

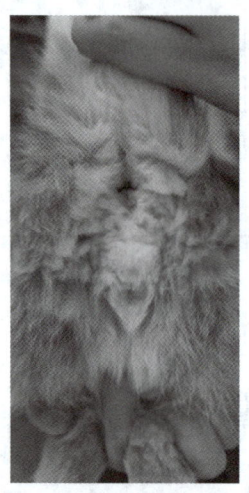

图 2.8 暴露肛门

(2)用一只手抓住动物的尾巴,将动物稍稍往上提,使动物肛门暴露,如图 2.8 所示。

(3)轻柔地将体温计插入动物直肠,把动物尾巴轻轻放下来,一只手同时固定体温计和动物尾巴。

(4)让体温计在动物体内停留足够长的时间以确定测量准确。

(5)将体温计取出,去掉肛表套。

(6)精确读数。

(7)用酒精棉球擦拭体温计,将体温计归零或把水银柱甩回原位,将体温计放回消毒瓶里浸泡。

(8)在动物病历上记录体温数值。

3. 注意事项

(1)每天至少测量 3 次体温(睡眠后体温较低),一般安静情况下,成年动物正常体温值如表 2.1 所示。

(2)将温度计(体温计)插入直肠后,倾斜温度计,使其接触到动物肠道上皮壁。这样可以确保温度计不是放在动物直肠的粪便里,以免造成误读。

(3)令水银温度计保持在适当位置至少 1 分钟,如果测量温度低于正常值,则重新测量,并令水银温度计保持在适当位置至少 2 分钟;对于数字体温计,则等待温度计报警后读数。

表 2.1 成年动物正常体温值

动物	正常体温值
犬	37.5~39.0 ℃
猫	38.0~39.0 ℃
兔子	38.5~40.0 ℃

二、测量脉搏

下面介绍测量脉搏的准备工作及注意事项。

1. 准备工作

(1) 佩戴能读秒的手表。
(2) 知道股动脉脉搏的位置。
(3) 知道听诊心音的位置。

听诊器要时刻挂在脖子上,使用专用听诊器听诊动物胸部,在动物左胸壁处听诊心跳次数。

2. 注意事项

第一次触摸股动脉脉搏时,可以请有经验的同事检查你找得是否准确,如果找不到脉搏,可使用听诊器听诊,但在病历上要标注是心率而不是脉搏值。一般安静情况下,成年动物正常脉搏值如表2.2所示。

表2.2　成年动物正常脉搏值

动物	正常脉搏值
犬	60～100 次/min
猫	160～200 次/min
兔子	180～300 次/min

三、测量呼吸次数

下面介绍测量呼吸次数的操作步骤及注意事项。

1. 操作步骤

(1) 将患病动物保定在检查台上。
(2) 等待几分钟让患病动物平静下来。
(3) 观察几次动物完整的呼吸,确定是完整的吸气—呼气过程。
(4) 看表计时。
(5) 计数动物30 s的呼吸次数。
(6) 将计数乘以2。
(7) 在病历上呼吸次数一栏内填写每分钟的呼吸次数。一般安静情况下,成年动物正常呼吸次数如表2.3所示。

表2.3　成年动物正常呼吸次数

动物	正常呼吸次数
犬	10～30 次/min
猫	20～30 次/min
兔子	30～60 次/min

2. 注意事项

(1) 如果对结果有疑问,可重新计数1 min的呼吸次数;
(2) 如果动物表现气喘,则此时不要计数呼吸次数。

四、测量血压

超声多普勒血流检测器利用运动的血细胞反射的超声波频率变化来识别浅动脉或

心脏本身的血流。应将探头放置在动物的浅动脉上或心脏上方,此时可听到"嗖嗖"的血流声音。

1. 准备工作

(1)用品准备。

剃刀、纸巾、酒精棉、弹力绷带、合适的袖带、加压器、血压计、血压探头等。

(2)动物准备。

①动物应侧卧、俯卧在台面上或保定者怀中,将动物待测肢端伸给测血压者。

②对动物待测部位进行剃毛,触诊动物动脉脉搏,在同一肢端所触及的脉搏位置上方(近心端)放置袖带。

③合适的监测部位包括:尾底部(尾骨动脉)、后肢靠近膝关节处(隐动脉分支)、后肢远端(足底内侧动脉)、前肢腕关节近端(正中动脉)、前肢腕关节远端(掌指总动脉)。

2. 操作步骤

(1)将待测部位的毛发剃干净,触摸此处确认动脉脉搏位置。

(2)选择袖带。袖带宽度为待测部位周长的30%~40%,用弹绷固定袖带,不宜太紧。

(3)让动物选择一个舒适位置,建议让动物处于站立或胸卧位状态,抬高动物待测肢,使其与心脏在同一水平线;如动物处于侧卧位状态,则使动物待测肢位于心脏上侧。

(4)连接袖带和压力计,以确定袖带不漏气,将袖带缠绕于动物肢体上,将充气位置放于动脉位置。

(5)在探头上涂抹耦合剂,放于动脉上方,微调位置直至听到"嗖嗖"的脉冲声。

(6)按加压器,直到脉搏声消失,一般压力值为180 mmHg左右。然后一边看压力刻度盘,一边慢慢地将袖带放气,直到脉搏声音重新出现,读数。

(7)建议5~10 min 内测4~6次,除去特殊值后取平均值。

(8)记录日期、行为评分、血压平均值、操作人员姓名。

(9)测量结束后,将设备音量调至最小,关闭主机,拔下探头线插头,将主机放入盒子内。

(10)用酒精棉、纸巾擦掉探头和动物皮肤上的耦合剂。用红色保护帽套好探头,轻度缠绕连接线并将其放入盒内。

(11)将加压器、耦合剂、袖带放回盒子内。

3. 血压计的维护

(1)电量应充足。

(2)探头应干净、导线应整齐。

(3)袖带应干净(无胶带、弹绷,无漏气)。

体温、脉搏、呼吸次数和血压的测定有益于及时发现和了解患病动物的健康状况,在临床应用上有重大的意义。

工作思考

1. 测量体温时产生误差的原因

(1)测量前未将体温计的水银柱甩至35 ℃以下。

(2)动物没有充分休息。

(3)动物频繁下痢、肛门松弛,体温计被插入动物直肠的粪便中,测量时间过短等。

2. 异常体温、脉搏、呼吸次数和血压的临床意义

(1)体温升高。体温高于正常范围为发热,见于各种病原体所引起的全身感染,也见于某些变态反应性疾病和内分泌代谢障碍性疾病。

(2)体温降低。体温低于正常范围,临床上多见于严重贫血、营养不良、休克、大出血及多种疾病的濒死期等。体温低于36 ℃,同时伴有发绀、末梢冷厥、高度沉郁或昏迷、心跳微弱,多提示预后不良。

(3)脉搏增加。病理性脉搏增加主要见于发热性疾病、传染病、疼痛性疾病、中毒性疾病、营养代谢病、心脏疾病和严重贫血性疾病。当脉搏比正常值增加一倍以上时,提示病情严重。

(4)脉搏减少。病理性脉搏减少是心动徐缓的指征,一般可见于引起颅内压增高的脑病、胆血症、药物中毒等。脉搏显著减少提示预后不良。

(5)呼吸次数增多。呼吸次数增多可能提示动物有以下疾病。

①呼吸器官本身疾病。

②多数发热性疾病。

③心力衰竭及心功能不全。

④影响呼吸运动的其他疾病。

⑤剧烈疼痛性疾病。

⑥中枢神经系统的疾病。

⑦某些中毒性疾病等。

(6)呼吸次数减少。临床上比较少见,主要是呼吸中枢的高度抑制。见于脑部疾病和中毒性疾病的后期引起的颅内压增高及动物濒死期,亦见于气管狭窄(吸气缓慢)疾病、细支气管狭窄(呼气缓慢)疾病。呼吸次数的显著减少并伴有呼吸节律的改变,常提示预后不良。

(7)血压的高低主要取决于心肌收缩力的大小和心脏搏出量的多少,舒张压主要取决于外周血管阻力及动脉壁的弹性。例如,心机能不全、心搏出量减少,或外周血管扩张(如休克)、外周血管阻力降低(如热性病),可致血压下降。反之,动物兴奋、紧张时,由于心搏出量增多,或由于肾素释放增多,血液中血管紧张素浓度升高时(如急、慢性肾炎),可致血压升高。脉压增大,见于主动脉瓣闭锁不全;脉压减小,见于二尖瓣狭窄。

宠物三大生命体征(微课)

 工作考核

内容	完成次数及时间	指导老师	被考核人员	是否通过	考核人员
测量体温					
测量脉搏					
测量呼吸次数					
测量血压					

真题训练

任务四　年龄与性别鉴定

工作目标

掌握宠物年龄与性别的鉴定方法。

课程思政

主题:科学思维。
内容:通过新闻故事激发学生学习兴趣。

工作内容

犬猫的年龄与其品种、体型、饲养管理方式等有直接的关系,不能只是用它的生存时间乘 7 来估算年龄。犬的性别比较容易鉴别,而其他个别幼年动物(如幼猫、幼兔、幼年的荷兰猪等)的性别不好判断,下面将具体介绍与犬猫年龄和性别鉴定相关的知识。

一、年龄鉴定

犬猫的年龄可不是跟人一样看面部和身材就能大体估计的,一般通过检查动物的牙齿初步估计动物年龄。

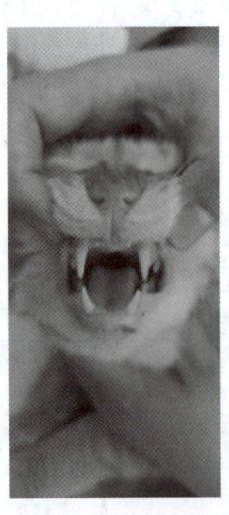

图 2.9　牙齿情况

动物的牙齿和人的牙齿一样具有对称性,其上颌与下颌长有相对的两排牙齿,如图 2.9 所示。犬猫的犬齿之后是前臼齿,最后是臼齿。

1. 操作步骤

(1)将左手放在动物面前,与患病动物慢慢熟悉。

(2)轻轻打开患病动物的嘴,打开之前必须要保定好动物以防其挣脱伤害到员工,用食指将动物嘴唇向上卷起,暴露每颗牙齿。

(3)找到乳齿或恒齿,如果不是很确定,可以让有经验的同事检查此判断是否正确。

(4)从中央向两边检查上下颌的所有牙齿。

犬的年龄主要通过以下几点来判断:牙齿的生长情况、齿峰及牙齿磨损程度、牙齿的外形、牙齿的颜色。正常情况下,犬的寿命为10～15年,犬的平均寿命约为12.6年,其中以小型犬为长,犬的最长寿命约为20年。猫与犬的寿命相近。

2. 判断年龄的参数标准

犬的乳齿有28颗,恒齿有42颗;猫的乳齿有26颗,恒齿有30颗。

可根据犬猫的牙齿萌发情况判断其年龄。

18～22天的犬,幼齿开始长出;4～6周龄的犬,乳切齿长齐;2月龄的犬,乳齿全部长齐,呈白色,细而尖;3～4月龄的犬,开始更换第一乳切齿,即第一恒切齿开始长出;5～6月龄的犬,更换第二、第三乳切齿及乳犬齿;8月龄的犬,乳齿全部脱落,换为恒齿;1岁的犬,恒齿长齐,齿洁白光亮,切齿的尖端未磨损。具体情况如表2.4所示。

表2.4 牙齿与动物年龄

牙齿	幼犬年龄/周	幼猫年龄/周	犬年龄/周	猫年龄/周
门齿	4～6	3～4	12～16	11～16
犬齿	3～5	3～4	12～16	12～20
前臼齿	5～6	5～6	16～20	16～20
臼齿	—	—	16～24	20～24

二、性别鉴定

幼猫在幼年时的性别是不容易判断出来的,因为幼猫的睾丸很小,甚至几乎看不见,所以导致很多的宠物主人给自己的猫起名字起得不恰当。

公猫和母猫有诸多不同点存在:公猫的生殖器开口的形状是圆形,肛门到生殖器开口的距离相对较宽;母猫的生殖器开口的形状是一道裂缝,肛门到生殖器开口的距离相对较窄。

鉴别猫的性别时,抓住猫的尾巴向上提起,查看肛门到生殖器开口之间的距离,判断生殖器开口的形状,将观察到的结果记录于病历中。对于长毛猫,可分开肛门至生殖器之间的软毛以便更好地观察。

其他动物(兔、鼠)可以参考猫的方法进行。

 工作思考

宠物保健时,可以给宠主提供哪些有关口腔防护的建议?

建议主人每天在家中给宠物刷牙,定期洗牙(1～2年/次),平时可以辅助使用漱口水和洁牙棒。

 工作考核

内容	完成次数及时间	指导老师	被考核人员	是否通过	考核人员
年龄鉴定					
性别鉴定					

真题训练

任务五　病史记录、体格检查与脱水程度评估

工作目标

掌握病史记录、体格检查、脱水程度评估的内容和方法,并能正确判断动物的脱水程度。

课程思政

主题:职业精神。
内容:"全国五一劳动奖章"获得者——曹道云。

工作内容

一、病史记录

医学上的主诉分为三部分,既往病史、现病史、饲养管理情况。必须认真记录并分析家长说的每一句话或重要的关键词。

1. 询问既往病史

包括但不限于以下问题。
(1)患过何种疾病和受过何种伤害,以及治疗效果。
(2)做过哪些手术。
(3)疫苗的接种情况,包括疫苗类型和接种时间,疫苗是否已经打完。
(4)驱虫情况:是否驱虫过,使用了何种驱虫药,使用频率是多少,效果如何,以及动物是否有不良反应。
(5)专业的口腔和牙齿护理情况。
(6)过去和现在的用药情况。

2. 询问现病史

包括但不限于以下问题。
(1)患病动物的姓名、年龄、性别、体重。
(2)动物生病或受伤的时间,尽量提供确切的时间。
(3)宠物家长认为动物发病的原因有哪些。
(4)家长观察到的情况:帮助家长系统性回顾(涉及皮肤、肌肉和骨骼、胃肠道、泌尿

生殖系统、心肺系统、神经系统、感官系统),这样可以减少遗漏信息。

(5)病情的发展情况:好转、稳定或恶化。

(6)有没有去其他医院治疗过,开了什么药,效果如何。

3. 询问饲养管理情况

包括但不限于以下问题。

(1)家里是否有其他宠物,该宠物与其他宠物的关系如何。

(2)谁负责宠物的日常照料,照料方式是什么。

(3)宠物饲养于室内还是室外。

(4)宠物是否每天都有一定的运动量。

(5)饮食状况:食物的种类、数量,以及饲喂的频率。

(6)排便情况:粪便的颜色、形状和味道。

(7)饮水状况:24 h内的饮水量,水的供给次数。

(8)排尿情况:尿液的颜色、气味,排尿频率、姿势,以及尿量。

(9)预防保健:是否做过预防保健。

(10)繁殖史:是否做过绝育(母犬)或者去势(公犬)。

一般性的提问可引出更详细的询问,宠物家长的回答可提示询问方向,员工完整记录病史非常重要。因此,员工必须花时间来练习完整记录病史,记录应有系统性。

学会观察患病动物这个技能很重要,从客户和患病动物进入动物医院开始,再到他们在接待区受到接待,一直到他们离开医院,观察是做好患病动物医治和保定工作的一个关键因素。应将动物在就诊过程中和在外等待时的正常情况下的行为进行比较,动物随着时间发生的任何变化都应该记录。

观察时要用到叩诊、听诊、触诊、问诊、嗅诊、视诊的诊断方法。比如:当抬起动物腹部时,动物腹部的肌肉会异常紧绷;当动物的耳朵遭到感染时,头会偏向感染的一侧,并且动物会用前肢抓其耳部挠搔,有时人会闻到一股化脓性的恶臭味;当动物有眼部疾病时,会造成可视黏膜发绀、眼睛分泌物增多、眼袋下垂,动物表现为精神状态不好,眼睛无灵性。

4. 注意事项

(1)兽医不要逾越职责范围记录病史。

(2)在记录病史后应签名并标明日期。

(3)应详细记录上面讲的三部分内容,不能漏记。

(4)在保定患病动物时,有效的保定方法也要记录在档案中。

二、体格检查

在对动物进行生理指标检测之前,需要称量动物的体重,对住院动物每天都应进行体重记录。除此之外,还要对动物进行外观、精神状态、姿势和步态等的检查。

1. 外观

对动物全身进行触诊。一定要有秩序地进行,以防遗漏,可以采取"从头到脚"的顺序,从动物头部开始触诊,一直延伸到四肢。动物身体各部位外观关键词如表2.5所示。

表 2.5　动物身体各部位外观关键词

部位	外观关键词
眼睛	分泌物,红肿,瞳孔不均,角膜混浊
耳朵	分泌物,碎片,气味
鼻子	分泌物(单侧/双侧)
口腔	牙龈颜色,增生,牙垢,牙龈炎,断牙或缺牙
皮肤	增生或肿块,伤口,脱发,脓疱,寄生虫,乳腺
四肢	关节肿胀,伤口,畸形,疼痛
腹部	腹围增大,腹壁紧张,触诊时疼痛
生殖泌尿系统	分泌物,性别,肿胀,肿块或生长

观察动物可视黏膜颜色的变化的具体方法是,在保定可靠时,用手打开动物上下眼睑或口腔,在自然光线下进行查看,如图 2.10 所示。正常情况下,可视黏膜颜色为淡红色,其颜色与可能的病因如表 2.6 所示。

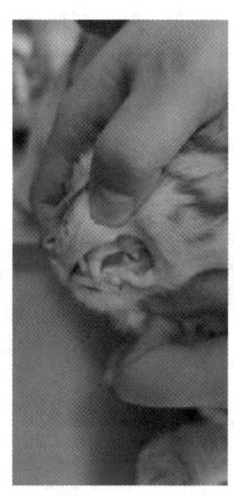

图 2.10　观察动物牙龈颜色

表 2.6　可视黏膜颜色与可能的病因

可视黏膜颜色	可能的病因
苍白	灌注不良或贫血
潮红/砖红	血管舒张,有全身炎症反应或过敏反应
发绀	血红蛋白氧饱和度低
黄染	血胆红素水平升高
棕色	甲烷血红蛋白形成(如对乙酰氨基酚中毒)
樱桃红	一氧化碳中毒
苍白的黏膜上有瘀血点(瘀点)	有瘀点提示原发性止血障碍(如血小板减少)

毛细血管再充盈时间(CRT)可用于评估机体水合状态和循环功能,脱水时由于血液灌注量下降,毛细血管再充盈时间延长。用食指按压动物黏膜的非色素区域,然后松开,黏膜颜色由苍白恢复到正常颜色所需的时间被记录为毛细血管再充盈时间,正常值为1～2秒。

2. 精神状态

决定动物整体精神状态的描述词语有:有神(bright)、警觉(alert)、反应灵敏(responsive)、安静(quiet)、富于攻击性(aggressive)、嗜睡(lethargic)、抑郁(depressed)、昏迷(comatose)、垂死(near death)等。

3. 姿势和步态

姿势和步态反映动物站立和行走的能力;当动物被家长带到检查室时,应观察动物是否有不协调、不稳定和不正常的肢体姿势。

另外,体格检查也包括动物行为、动物与医护人员互动、触诊时动物反应等内容的分级评估,见表2.7～表2.9。

表2.7 动物行为分级评估

分级	描述内容
0级	无疼痛或不适
1级	以舒适的姿势待诊
2级	不断变换姿势但平静
3级	焦虑,不安
4级	警觉,不安,浑身僵硬

表2.8 动物与医护人员互动分级评估

分级	描述内容
0级	放松,有亲昵表现
1级	好奇,想亲近但动作迟疑
2级	对人的接近有迟疑,基本不活动
3级	警惕,移动时保持警惕,抵触与人的互动,有防御举动
4级	与外界无交流,不动,低吼

表2.9 触诊时动物反应分级评估

分级	描述内容
0级	被触碰时,放松无反应
1级	允许触碰,但会回头看
2级	略有抵触,舔嘴唇或触诊部位,身体紧张
3级	抵触,低吼发声,紧张,有防御准备
4级	企图逃脱,有攻击行为,大声吼叫

三、脱水程度评估

1. 正常体液分布及代谢

成年动物的平均含水量是其体重的60%。健康动物的含水量随年龄(幼年动物含水量为70%~80%,老年动物含水量为50%~55%)和身体状况(脂肪组织的含水量低于其他软组织)的变化而变化。动物机体体液分布情况如图2.11所示。

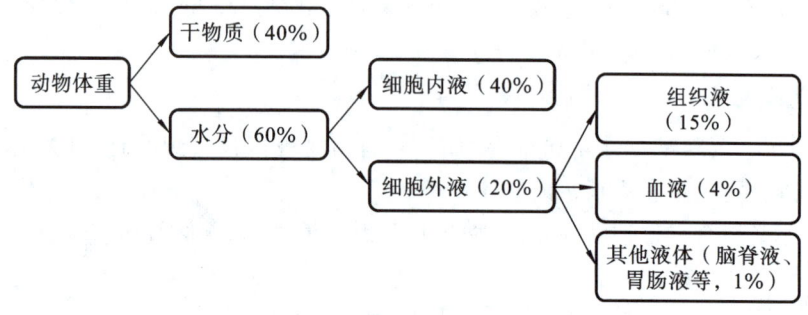

图2.11 动物机体体液分布情况

2. 脱水评估

临床上,医护人员可以通过病史(是否有呕吐、腹泻症状和多尿症)来评估动物水合状态,但是误差较大,医护人员常根据动物的临床表现来判断动物的脱水情况,具体见表2.10。

表2.10 脱水程度与临床表现

脱水程度	临床表现
<5%	无明显临床症状 尿浓度升高
5%~6%	皮肤弹性轻微丧失
6%~10%	皮肤弹性明显丧失 眼睛微微凹陷 黏膜干燥
10%~12%	牵拉皮肤后皮肤保持原位 眼睛凹陷,第三眼睑突出 黏膜干燥 休克
12%~15%	发生低血容量性休克、死亡

3. 低血容量

低血容量是指各种原因引起的循环容量丢失,这会导致有效循环血量与心排血量减少、组织灌注不足、细胞代谢紊乱和功能受损等一系列病理生理情况出现。低血容量按程度可分为轻度、中度和重度,动物在不同程度低血容量下的临床表现如表2.11所示。

表2.11 动物在不同程度低血容量下的临床表现

临床表现	轻度低血容量	中度低血容量	重度低血容量
心率	120～140 次/min	140～170 次/min	170～220 次/min
黏膜颜色	正常/偏粉	淡粉	发绀/苍白
CRT	1～2 s	1～2 s	>2 s/不可测
脉搏	快	慢	极慢
外周脉搏	可摸到	不易摸到	摸不到
血浆乳酸水平	3～5 mmol/L	5～8 mmol/L	>8 mmol/L

(1)心率:心率可以看作是容积损失的早期指标,猫低血容量时,心率通常比正常时慢。

(2)黏膜颜色:严重的血管收缩意味着黏膜中的血红蛋白和氧气减少,此时动物看起来发绀或苍白。

(3)血浆乳酸水平:组织灌注不良时,氧气输送量减少,乳酸产生速度增加,此时乳酸清除率降低,因此,低血容量时,血浆乳酸水平会升高。

工作思考

动物从低血容量休克中恢复的目标值如表2.12所示。

表2.12 动物从低血容量休克中恢复的目标值

可视黏膜检查(微课)

参数	目标值
精神状态	警觉
黏膜颜色	粉色
毛细血管再充盈时间	<2 s
心率	猫:180～220 次/min 小型犬:100～160 次/min 大型犬:60～100 次/min
呼吸频率	20～40 次/min
收缩压(SBP)	>100 mmHg
平均动脉压(mAP)	>80～100 mmHg
中心静脉压	5～10 cmH$_2$O
血浆乳酸水平	<2.5 mmol/L
尿液排出量	1～2 mL/(kg·h)

工作考核

内容	完成次数及时间	指导老师	被考核人员	是否通过	考核人员
病史记录					
体格检查					
脱水程度评估					

任务六 疫苗使用

 工作目标

掌握注射器正确的使用方法,学会正确使用疫苗,熟悉每一种疫苗的特点,学会管理疫苗,合理分析免疫失败的常见原因。

 课程思政

主题:法治中国。
内容:《疫苗管理法》的解读。

 工作内容

学会正确使用注射器,注射器在很多工作中都会用到,如打针(接种疫苗、实施麻醉等)、喂药(液体试剂)、输液(添加药物)、给动物冲洗伤口(膀胱切开术、子宫化脓术、股骨头切除术、盲肠切除术)等。

一、正确使用注射器

(1)选择注射器:选择容积比注射药物剂量稍大的注射器,这样便于抽吸,如图2.12所示。

(2)选择针头:针头的长度取决于药物注射的深度。一般来说,皮薄的动物使用短针头,这样可以使药物注入皮下或者皮内,肌肉注射时要使用长针头,以让动物更好地吸收药物。

(3)在装有液体的注射器外贴上标签,说明其内容物,并签上操作人员姓名和日期,如图2.13所示。

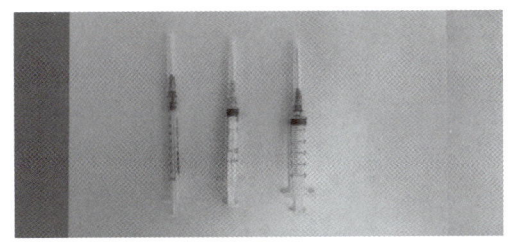

图2.12 选择注射器

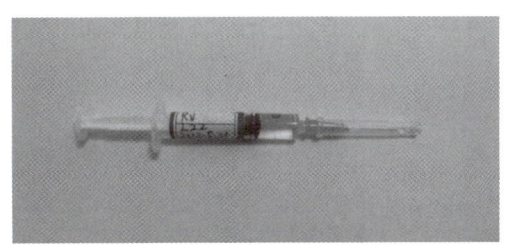

图2.13 注射器外贴上标签

(4)瓶内药品被部分抽出后,瓶内会形成真空,这样就很难再抽出剩下的药品。这时可以把注射器从针头上转下来,让空气进入瓶内,再将注射器接上,继续抽吸药品。

二、使用疫苗

疫苗能够增强动物的机体免疫力,让其更好地适应外界环境。对于幼年动物来说,一年要注射3针接种疫苗和1针狂犬疫苗;对于成年动物来说,一年需要注射1针加强疫苗和1针狂犬疫苗;动物在十岁之后就不用注射疫苗了。

在注射疫苗之前,应该对宠物的健康状态进行检查(测量体温,询问家长宠物是否生病,询问宠物的饮食、排便情况和驱虫状况),并记录在病历上。同时为家长介绍疫苗的种类和价钱。可以根据家长的经济条件、宠物的品种给出合理的建议。在注射疫苗之前,应该给宠物办理疫苗接种证,注射完疫苗之后,将疫苗的标签撕下来贴在本子上,并写上接种日期和下次接种的时间。记得提醒顾客查看本子上的注意事项。

1. 注射疫苗的准备工作

(1)查阅病历以确定注射药物及剂量。
(2)将需要的药物放置在干净的工作台上。
(3)准备好消毒工具(酒精棉球、镊子)。
(4)准备好专用的注射器、针头,戴好手套。

2. 操作步骤

(1)将动物保定好。
(2)使用酒精棉球擦拭瓶盖并待其自然挥发,如图2.14所示。
(3)将瓶子颠倒并放在一只手里,用手指圈住瓶子,小指头应位于瓶子橡皮塞的最近处。
(4)取下针头帽,将针头穿透橡皮塞插入药瓶,吸取所需的药物,如图2.15所示。
(5)拔出针头,排出注射器内的空气(手指轻弹)。
(6)给针头盖上针头帽,将注射器与病历放在一起。

如果宠物在注射过程中出现过敏情况,医疗人员应立即拿出急救药物或实施急救措施。

三、免疫失败的常见原因

(1)母源抗体干扰:新生犬猫通过吃妈妈的初乳(24 h内)获得最初的免疫力,产生母

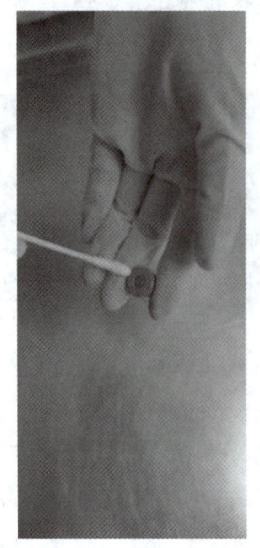
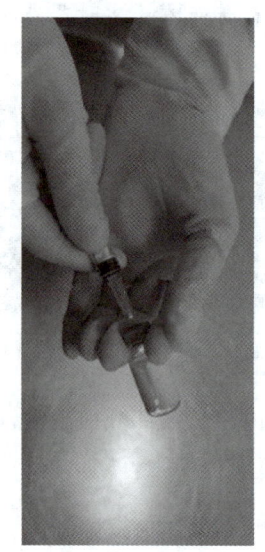

图 2.14　酒精棉球擦拭瓶盖　　　　　　　图 2.15　吸取药物

源抗体,如果在母源抗体水平很高的情况下打疫苗,母源抗体会"中和"疫苗内的抗原,抑制疫苗保护力的产生,这是造成免疫失败的主要原因。

(2)动物处于免疫抑制状态:动物具有先天性免疫缺陷,患有免疫抑制疾病,体内外有寄生虫,使用过免疫抑制性的药物(如抗生素),会使得免疫系统无法产生足够抵抗传染病的保护力。

(3)应激反应:搬家、换粮、长途旅行、受到惊吓等因素引起的犬猫应激,可能会导致免疫失败。

(4)疫苗保存不当:疫苗的保存温度是 2～8 ℃(冷藏),建议家长在正规的宠物医院为宠物进行免疫,非正规途径的疫苗无法保证完整的冷链运输过程。

(5)感染潜伏期:疫苗一般在接种十天后才开始产生保护力,如果在产生足够的保护力之前,动物就感染了病毒,则即使注射了疫苗,疾病也可能暴发。

(6)免疫程序不当:没有按时完成所有接种。

 工作思考

疫苗九怕。

一怕热:疫苗保存温度为 2～8 ℃,高温会让疫苗效价降低、蛋白变性,使注射后产生免疫过敏和免疫失败的概率大幅提高。

二怕冻:液态疫苗冻结即报废。

三怕光:太阳光里的紫外线会杀死弱毒疫苗里的活性抗原,所以疫苗应避光保存。

四怕药:消毒剂、免疫抑制剂均会影响疫苗效果。

五怕伤:运输、储存不当,造成瓶体破损、瓶盖松脱,疫苗就会被污染。

六怕脏:应保证疫苗的储存环境卫生,接种过程中应注意无菌操作。

七怕捧:疫苗只是预防疾病的工具之一,不应夸大疫苗的预防效果,打了疫苗不等于百毒不侵,其他预防手段一样要做足。

宠物疫苗接种标准化流程(动画)

宠物疫苗的九怕(动画)

八怕病:疫苗仅对健康的宠物接种,对于处于亚健康状态的宠物,接种疫苗后可能会出现病症,因此,免疫前的健康检查很重要。

九怕忘:忘记免疫时间、遗漏操作步骤,都会造成免疫失败,另外,仓库如果疏于管理,会造成疫苗过期报废。

 工作考核

内容	完成次数及时间	指导老师	被考核人员	是否通过	考核人员
正确使用注射器					
使用疫苗					

真题训练

任务七 常见给药技术

 工作目标

掌握常见给药途径与方法。

 课程思政

主题:法治中国。
内容:《生物安全法》的解读。

 工作内容

宠物临床常用的给药技术包括经口给药、皮下给药、肌肉给药、静脉给药、骨内给药和直肠给药等,这些给药途径均有自己的适用范围。

一、经口给药

口服药有各种剂型以适用于不同病情,如片剂、粉末、糊剂和液剂等。许多药片都有一层外层,因此部分药物不应被分解或压碎后服用。经口给药的优点是,操作简便,家长可以在家为动物治疗且可长期给药。经口给药的缺点是,如果动物呕吐,对药物的吸收可能变慢,有些药物甚至根本不被吸收,食物的存在可能会降低药物的作用,动物可能拒绝吞下药物,家长无法将药物喂给动物。

经口给药的方法为,让动物坐立或站立,操作者一只手将宠物上颚稍向上仰,另一只手的中指将动物下颚掰开,用食指和拇指夹持药物,将药物送入动物口腔舌根部,然后关闭口腔,待动物有吞咽动作时,证明药物已经被吞入。对于猫的口服给药,建议用适量水进行送服,以免药物粘于食道引起动物不适。

二、皮下给药

(1)皮下注射。

皮下注射是最容易,也是最常用的疫苗和抗生素注射方法。动物的颈部底和肩胛骨之间有松弛的皮肤,这使得皮下注射很容易进行。

步骤:用酒精擦洗注射部位;一只手握持注射器,另一只手捏住动物肩胛骨上方的皮肤,轻轻抬起形成三角形,将针插入三角形底部,使其与身体平行;如果针很短,可能需要完全插入,如果针很长,可能只需要部分插入;应注意避免将针头从皮肤外面穿过(为了确定针头位置是否正确,可以稍微释放皮肤,感受针尖是否随皮肤移动,也可以回抽注射器)。

(2)皮下输液。

皮下输液通常用于小于 200 mL 的液体的注射,常用于肾脏疾病的治疗、尿液收集等,最常用于乳酸林格氏液的注射。

一般选取肩胛骨之间的颈部底皮肤进行注射,注射方法同皮下注射,可借助重力快速滴注,也可利用输液泵快速输注,每个注射点可以输注 5~10 mL/kg 的液体。皮下输液液体的平均吸收时间为 6~8 h。

三、肌肉给药

(1)对于小动物,肌肉注射(肌肉给药)的常选部位是股四头肌群、肱三头肌群和位于动物后端靠近脊柱两侧的肌肉带上的背腰最长肌。对于大型动物,注射是在前肢、颈部肌肉或腿筋肌肉之间前胸上方的胸肌中进行的。

(2)向后肢肌肉注射时应该用一只手稳定后肢,这样动物就不会轻易移动后肢。在大腿的腿筋或股四头肌区域注射时必须小心,因为坐骨神经很容易被损伤,这可能会造成不可逆转的损伤和潜在的瘫痪。

(3)注射时,当注射器进入肌肉时,可将持有注射器的手稍微向下放置,以控制针头放置的深度。回抽注射器以确保没有血回流,慢慢注射后,拔出针头,轻轻按摩注射部位。如果需要多次或重复注射,建议交替注射不同的后肢,以减少疼痛和四肢注射区域组织的损伤。

四、静脉给药

具体见后文中的"补液技术"。

五、骨内给药

骨内给药在新生动物中常用。新生动物外周静脉给药比较困难,有时外周静脉会由于循环系统衰竭而无法有效利用,而骨髓内的静脉在脱水或循环衰竭情况下不受影响,因此,骨内给药对于上述情况非常适用。

骨内给药禁忌:感染性休克、骨折病例。
骨内给药并发症:骨髓炎、神经血管损伤、骨折、生长板损伤等。
骨内注射部位:胫骨嵴、股骨粗隆间窝、髂骨翼、胫骨粗隆和肱骨大结节。

六、直肠给药

具体见后文中的"灌肠技术"。

工作思考

常用给药操作的处方缩写。
po(口服)、id(皮内注射)、ih(皮下注射)、im(肌肉注射)、iv(静脉注射)、ivgtt(静脉点滴)、pr(灌肠)等。

皮下注射（微课）

宠物留置针技术（微课）

肌肉注射（微课）

真题训练

工作考核

内容	完成次数及时间	指导老师	被考核人员	是否通过	考核人员
经口给药					
皮下给药					
肌肉给药					
静脉给药					
骨内给药					
直肠给药					

任务八　留置针技术

工作目标

掌握宠物留置针技术。

课程思政

主题:职业精神。
内容:李素芝——"门巴将军"。

工作内容

留置针技术在宠物医疗临床中已经非常普及,其优点如下。
(1)可以减少静脉穿刺次数,保护血管,减轻患病动物的痛苦。
(2)方便即时给药。
(3)可用于急救,方便输液、输血的快速进行。
(4)柔软导管不易损伤血管,可减少并发症,增加患病动物舒适感,保证输液的安全。
(5)留置针的穿刺手法与传统的静脉穿刺手法相似,容易学会,使用简单。

一、留置针类型

直型留置针仅有一个进药口,可配合三通阀使用。

二、常用放置位置

前臂头静脉、隐静脉内侧和外侧、耳静脉(如兔子、巴塞特猎犬)等。

注意:选择留置针的放置位置时,应考虑放置位置是否有污染或感染的可能性,例如对于有呕吐症状或唾液过多的动物,建议将留置针放于后肢,对于有腹泻症状或多尿的动物,建议将留置针放于前肢,此外还要考虑进入该静脉的液体是否可以有效发挥作用,例如在动物有胃扩张或扭转(GDV)症状的情况下,留置针应放于前肢静脉,因为扩张的胃有可能阻塞后腔静脉,使液体无法有效到达全身。

三、步骤(以前臂头静脉为例)

(1)准备输液器。

向输液袋内注入适量药液,按压茂菲氏管使管内储满一半药液,打开调速阀使输液管内空气排空,待用。

(2)剪毛并消毒。

(3)保定。

选择动物坐立保定,助手在动物注射部位上游肘关节部位实施环形按压阻断血流,使静脉怒张。

(4)根据动物个体大小选择适宜的留置针。

静脉留置针常用型号:22#、24#、26#等。

尽量选择最短、最小的型号,能满足输液要求即可。

(5)进针。

绷紧皮肤,留置针沿静脉走向以15°~30°的角度进针进行穿刺;见回血再进针1~2mm,送管,再安装好肝素帽或三通阀。

(6)固定。

用胶带固定留置针以防其滑脱。

在进针部位涂抹抗生素软膏,并用干棉花固定以防感染。

用自粘绷带固定进针处以防动物啃咬出现意外。

固定时需保持松紧适宜(过松易使留置针滑脱,过紧易使组织瘀血)。

在绷带上注明留置时间及操作人员。

(7)检查输液情况。

连接输液器头皮针,打开调速器,观察输液是否流畅。

四、留置针的护理

(1)静脉导管只能放置48 h,之后必须将导管取出并换入不同的静脉。

(2)留置针留置后每天至少检查两次,查看导管插入点上方和周围是否出现肿胀,静脉周围是否有瘀伤的痕迹等异常。

(3)固定留置针的绷带如被污染需及时更换清理。

(4)对留置针有啃咬或抵触行为的动物,需佩戴伊丽莎白圈。

(5)拆卸留置针时,严禁直接剪断固定绷带,应依次解除所缠绷带。

 工作思考

留置针技术中,经常出现的纠纷有哪些?

(1)无法使用留置针(保定原因或个人技术原因)。

(2)为动物剃毛时划伤动物皮肤。

(3)操作过程中动物吠叫,主人心疼。

(4)药物吸收不良引发皮肤肿胀甚至破溃。

(5)动物撕咬、摩擦或剧烈运动引起漏针。

外侧隐静脉穿刺术(微课)

颈静脉穿刺术(微课)

 工作考核

内容	完成次数及时间	指导老师	被考核人员	是否通过	考核人员
选择留置针					
为动物使用留置针					

真题训练

任务九　日常护理操作

 工作目标

掌握动物日常护理内容(剪毛/修毛/剃毛、清理耳道、修剪指甲、清理肛门腺等),并加强实操练习。

工作内容

许多动物需要进行生理性日常护理,例如长毛动物的被毛可能会变得蓬乱,毛发上会聚集污秽物甚至寄生虫,同时毛发会附着在肛周或泌尿生殖区域引发疾病;此外,动物指甲过长,肛门腺变大,或者耳道被污染等因素都会导致动物不快乐、不健康和不舒服。因此,宠物的日常护理非常必要,相关维护工作可由医院提供,通常由助理完成。

一、剪毛/修毛/剃毛

(1)剪毛及修毛。

修剪毛发通常是指对动物的一个或几个部位修剪少量毛发(不以暴露皮肤为目的)的过程,临床中,通常是指护理和保养动物肛周、生殖器或面部。例如过长的毛发可能会聚集在肛门周围,导致粪便堆积,可能会导致异味或皮肤问题;出于同样的原因,生殖器区域也需要定期修剪。

修剪毛发时,应使用圆剪,剪子的刃面应与动物的身体平行,并与被毛平齐,这样可以降低动物受伤的可能性,修剪时应小心避免修剪过短。

(2)剃毛。

剃毛操作通常在动物进行临床检查治疗或外科手术前实施(以暴露皮肤为目的)。在手术备皮准备阶段,需先用电剪沿着动物毛发生长方向为其剃毛,然后用刀片逆着动物毛发生长方向刮去术部所有毛发。

二、清理耳道

(1)清理耳道前,先初步检查耳朵,观察耳朵是否出现红肿、有气味、疼痛或有分泌物等异常。

(2)有些动物的耳道内长有毛发,这是其品种或物种特异性,耳道内毛发可以直接剃掉或用镊子拔去。

(3)使用浸润有耳部护理液的棉球清理动物外耳道及外耳廓,包括外耳廓边缘及耳瓣皱褶。

(4)用耳部护理液浸润内耳道,按摩外耳道底部和软骨部位 1 min 左右,随后将纱布放在外耳道口并倾斜动物头部,排出液体,擦去动物耳朵上的分泌物。

(5)重复上述 4 个步骤,直到流出的护理液是干净的为止。

(6)用棉球或纱布再次擦拭动物外耳道湿润部分。

(7)用耳镜检查动物内耳道是否潮湿。

三、修剪指甲

甲床,指甲生长的区域,位于足部指末端。甲床内有血液和神经,给指甲提供生长支持。外甲覆盖物是角蛋白,类似于人类的指甲。角蛋白是一种蛋白质,可以让指甲不断生长并保持坚韧。修剪指甲的目的是将指甲剪切到甲床的远端。

有些动物的指甲是白色的,不含色素;有些动物的指甲是黑色或棕色的,含有色素。

检查动物四肢是否有狼爪,狼爪与地面没有接触,通常会变长,并倾向于卷曲向皮肤和脚垫。有些猫存在多趾,这时可能有多余的脚趾等需要修剪。修剪指甲应从动物后肢开始,用一只手抓住动物一条腿并将其向尾侧牵拉,对每个脚趾施加压力以延长指甲,用另一只手修剪或打磨指甲。对于深色指甲,很难看到甲床,每次应少量修剪指甲,直到可以看到甲床的黑色中心圈。对每个指甲重复以上步骤,注意检查是否有狼爪。如果动物出血,则将止血粉涂在动物指甲上并用纱布海绵加压。完成修剪后,检查所有指甲是否有出血迹象。

犬皮肤生理（动画）

四、清理肛门腺

肛门腺位于直肠两侧4点钟和8点钟的腹侧位置,是猫和犬的气味腺,每次动物排便时,腺体分泌的物质会进入肛囊,如分泌物没有被适当地清理,肛囊可能会红肿、疼痛甚至破溃。肛门腺异常的迹象包括动物用肛门蹭地板,过度舔舐肛周,或肛周有浓烈腥臭气味。

宠物耳部清洁（微课）

清理肛门腺的步骤如下。

(1)戴上检查手套,站在动物的侧面,向上抬起动物尾巴。

(2)将纱布放在动物肛门上,为了动物舒适,可在纱布上涂抹软膏,用拇指和食指在4点和8点定位并挤压肛囊。

宠物耳部清洗方法（动画）

(3)将拇指放在一个腺体的外侧,将食指放在另一个腺体的外侧。轻轻挤压手指,两手指一起向上和向外进行半圆形的运动。如果挤压肛门腺时发现内容物难以挤出,可以采取内部挤压肛门腺的方法,即将食指深入肛门,与拇指配合挤压同一侧肛囊。当分泌物变浓稠或导管堵塞时,此法对肛囊施加的压力更大。此时需要关注分泌物中是否有血液、黄色或脓样分泌物,以及肛门腺是否红肿,动物是否疼痛,这些可能是肛门腺感染或脓肿的迹象。

常见宠物美容工具的介绍（微课）

(4)注意查看分泌物的数量和外观。

(5)用干净的纸巾或浸有肥皂水的纱布海绵清洁直肠和肛门周围的毛发,并擦干。

(6)使用宠物香氛喷洒肛周。

常见宠物美容工具的使用（微课）

工作思考

老年犬猫的日常护理注意事项。

(1)牙齿护理。动物进食后,可以给动物使用漱口水、磨牙棒,要定期给犬猫刷牙,有条件的情况下,可以带动物到专门的宠物店做洁牙SPA,市面上有专用的防牙结石处方食品,犬猫咀嚼这些食品可除去牙齿上的牙垢和牙结石,减轻口腔异常气味。

犬外耳炎（动画）

(2)饮食调理。老年犬猫的饲喂原则为高蛋白、高纤维和低脂肪。肥胖会引发心脏病、糖尿病和胰腺炎等严重疾病。针对动物肥胖问题,可以饲喂动物减肥处方粮。此外,由于老年犬猫的内脏器官和消化功能不断变弱,为了使其有好的消化功能和光滑的被毛,可以减少钠和某些有损于健康的蛋白质的供给,多供给一些纤维素和必需脂肪酸。此饲喂原则同样适用于患心脏病和早期肾病的犬猫。

美容剪刀的运用方法（微课）

(3)肾脏的养护。如果已经发现动物有肾脏疾病,则需为动物饲喂防治肾病的处方粮,这种处方粮主要用于犬猫肾衰竭、充血性心力衰竭和肾代谢性酸中毒等病,控制蛋白质和磷的摄入,可达到减轻肾脏负担的效果。

贵宾犬美容修剪顺序（微课）

贵宾犬脸部
剃剪要求
（微课）

肛囊的触诊
和挤压
（微课）

真题训练

（4）心脏的养护。若老年犬猫运动后容易气喘及咳嗽，舌头有发紫的现象，这就提示犬猫可能存在心脏问题，应尽快去宠物医院做检查。此外，还需严格控制动物活动量，对于老年犬猫来说，过量的运动会加重心脏负担，加速心脏功能的衰退。

（5）定期体检。建议老年犬猫每6个月体检1次，进行全身触诊，及早发现肿瘤和甲状旁腺等异常；进行口腔检查，仔细观察牙齿情况，检查牙结石严重程度及牙龈健康情况；拍X光片、做B超，检查是否有肿瘤、结石和增生等异常；进行尿常规检查，发现潜在的泌尿系统疾病；进行血常规、生化和内分泌检测等血液类检查，全面检查身体健康状况，得出正常的生理数据。

 工作考核

内容	完成次数及时间	指导老师	被考核人员	是否通过	考核人员
剪毛/修毛/剃毛					
清理耳道					
修剪指甲					
清理肛门腺					

任务十　样本采集

 工作目标

掌握动物血液、尿液、粪便、皮肤、耳道分泌物、眼鼻口分泌物、阴道分泌物等样本的采集方法与注意事项。

 **课程思政**

主题：大国工匠。
内容："共和国勋章"获得者——钟南山。

 工作内容

动物样品（样本）的采集是动物医院实验室检验工作中的重要内容。对动物样本进行正确的采集、处理和保存等，直接关系到检验结果的准确性及可靠性，对动物疾病的诊断、流行病学的调查和免疫监测等影响极大。

一、血液采样

1. 采血部位

(1)犬猫头静脉。

头静脉穿刺是指从动物前腿内侧的头静脉采血。动物通常处于坐位或胸卧位,将动物前腿伸展以便采集血液。

(2)犬猫颈静脉。

颈静脉穿刺是指从动物颈部两侧的颈静脉采血。动物通常处于坐位或胸卧位,对于体型较小的犬猫,可将其前肢伸展到桌子的边缘,以便有更多的空间收集血样。

(3)犬外侧隐静脉及猫内侧隐静脉。

隐静脉穿刺是指从大腿内侧的后肢采血。动物通常处于侧卧位,应伸展动物后肢。对于犬,选择后肢外侧隐静脉;对于猫,选择大腿内侧隐静脉。

2. 采血物品

采集血样时,通常用注射器和针头直接进行静脉穿刺。

所选针头应尽量大,以实现快速采集,减少对红细胞的损伤。

所选注射器应尽可能小,以减少取样时对红细胞的压力,从而降低红细胞破裂的风险。如果需要 1 mL 血液,那么选择 2 mL 的注射器就足够了。

3. 采血技术

(1)由助手适当保定动物,注射部位应用酒精擦拭以确保无菌。

(2)助手应该辅助按压动物静脉的近心端,使得静脉膨起,阻止血液返回心脏。

(3)插入针头,同时拉紧动物皮肤,一旦针头进入静脉,缓慢地回抽注射器,以确保血液不会承受过大的压力,避免损坏红细胞,同时也确保静脉不会塌陷,并采集到充足的血液。

(4)一旦达到所需的血液量,就要小心地将针头从静脉取出,助手应在注射部位施加压力以防出血。

(5)血液样本应迅速转移到先前选定的样本瓶中,在将血液注入样本瓶之前应先移除针头,以减少对红细胞的损伤。

(6)如果样本被转移到含有抗凝剂的样本瓶中,则应保证血液量可达到样本瓶的刻度位置,以确保抗凝剂被正确稀释,然后将瓶子倒过来或滚动瓶子以混合内容物,应避免剧烈摇晃,因为这样会损坏红细胞。如果需要血清样本,则无须混合样本,也无须令样本量达到指定填充线。

(7)在样本瓶上贴上标签。

(8)血液样本必须避免溶血。红细胞破裂的过程就是溶血。如果发生溶血,血浆或血清将呈粉红色。溶血会影响检测结果,因为红细胞的数量会减少,而破裂的红细胞中的血红蛋白被释放到血浆中,使得游离血红蛋白升高,影响生化检测。

二、尿液采样

1. 排尿时采集

采集时间应为排尿开始后不久和排尿结束前,即收集排尿中间段的样本;收集尿样时,必须确保容器无菌;可以用塑料无菌收集杯收集犬的尿液,应在不干扰动物正常排尿的前提下采集;对于猫,可以为其提供一个空置洁净的猫砂盆,待猫排尿后,将样本转移至无菌容器中;最好不要使用从地板或笼子里收集的尿液样本,因为这些样本会被污染,导致结果不准确。

2. 导尿管导尿

对于雌性动物,导管通过外阴进入尿道;对于雄性动物,导管进入阴茎然后通过尿道。

导管放置和尿液收集工作需要用到无菌技术。

根据操作者的习惯,可以让动物站立、侧卧或背卧。

3. 膀胱穿刺

膀胱穿刺是一种将针头直接插入动物膀胱收集尿液的技术。它通常被认为是获得犬和猫无菌尿样的首选方法。虽然通常建议通过超声引导进行膀胱穿刺,但也可以盲穿。膀胱穿刺也可用于治疗尿道梗阻。

膀胱穿刺通常用于收集无菌样品,检查是否有细菌或其他微生物,如培养细菌时使用。进行膀胱穿刺时应避免细菌污染,避免尿液接触尿道引起感染。

针头应附在注射器上,通过腹壁直接进入膀胱。

操作方法如下。

(1)令动物处于侧卧或背卧状态,必要时为动物剃毛,注意进行无菌消毒准备。

(2)用超声探头进行膀胱定位,直接观察针尖位置。

(3)盲穿时需用手触诊膀胱大小并固定膀胱。

(4)在超声引导下进行膀胱穿刺时,不要使用超声凝胶,应使用异丙醇。

(5)针头从腹壁以 45°~90°的角度插入膀胱,针头必须尽量保持稳定,以免损伤动物膀胱壁或腹腔脏器。

三、粪便采样

(1)直接获得(即动物自主排便)。

样品应尽可能新鲜。

收集粪便时,应在粪便的中间提取样本,以尽量减少环境微生物的污染。

优点:对动物来说刺激小。

缺点:费时,就诊时间长。

(2)手指取便。

适用于中大型犬。

优点:可在短时间内采集足够的样本。

缺点:对动物刺激大。

(3)导管取便。

适用于所有体型的犬猫。

该操作是国内临床普遍使用的一种方式。

优点:耗时短,刺激小。

缺点:样本量不足。

(4)粪便拭子或直肠采样。

用于腹泻动物,以评估粪便中的微生物。

优点:操作简便快捷。

缺点:操作不当易损伤肠黏膜,有红细胞干扰。

四、皮肤采样

(1)梳理毛发和湿纸巾试验。

可使用跳蚤梳子或细齿梳子收集动物的皮肤、鳞片、排泄物,以及动物身上的寄生虫、虫卵等。可用一把细齿梳子反复地穿过动物的全身,尤其是在可能有寄生虫的地方(如怀疑动物身上有跳蚤时,梳理动物背侧尾基部)。

也可以利用湿纸巾或湿纱布检测动物身上是否有吸血寄生虫。

(2)醋酸透明胶带粘片。

将2 cm左右的干净透明的醋酸胶带直接用力压在动物皮肤上,后将胶带牢固地粘在载玻片上,然后用显微镜检查。

此方法主要用于检查皮肤表面的寄生虫等,此法已被证明也可用于检测犬体内的蠕形螨。

(3)刮片。

这项技术特别有助于检测虱子和穴居螨虫。根据寄生虫的不同,刮擦可以是浅层的,也可以是深层的,具体步骤如下。

①将少量矿物油涂在干净的载玻片上。

②在干净的10号手术刀刀片上蘸上矿物油,或者直接将矿物油涂抹在皮肤刮伤处。

③保持刀片垂直于皮肤或稍微偏离刮削方向,令刀片轻轻地扫过待检皮肤。

④将皮肤样本收集在矿物油中,然后放在载玻片上,再盖一个盖玻片,之后进行镜检或染色。

(4)拔毛。

这项技术可用于检测附着在发干上的寄生虫或虫卵,或用于检测毛囊上皮深处是否存在成虫,具体步骤如下。

①用止血钳迅速从动物身上拔下待检皮肤上的毛发。

②将样品放入少量矿物油中,再放在干净的载玻片上,并在载玻片上放上盖玻片。

③进行镜检,卵常附着在发轴上,成虫可能出现在毛囊的底部、毛囊皮屑中或矿物油中。

五、耳道分泌物采样

(1)耳道分泌物检查。

①采样前先观察动物耳内是否存在红肿、气味、分泌物或碎屑。

②分泌物或碎片可能是黑色的(酵母)、黄色/棕褐色的(蜡状分泌物)、绿色的(脓液)或咖啡色的(耳螨)。

③存在少量的碎片是正常的。

(2)采样。

①用检耳镜观察耳内情况。

②使用棉签采集外耳分泌物或碎片,后换一新的棉签深入采集垂直耳道处(垂直耳道和水平耳道交汇处)的分泌物或碎片。

③如果怀疑有螨虫,则在采集样品之后,在载玻片上加入一滴矿物油,将耳道碎片的拭子样本放入矿物油中乳化成油,并将样品分散,防止片子过厚影响观察,可在10×或40×物镜下检查样品内是否有寄生虫或虫卵。

④如样本需染色,需要对左耳和右耳提取物进行差异标注。

六、眼鼻口分泌物采样

眼鼻口多用棉签拭子采样,以收集表层细胞或细菌,用于初步诊断等。细胞很脆弱,在采集过程中应采取温和的方法。

操作步骤如下。

(1)用0.9%的生理盐水湿润拭子。使用等渗溶液,如生理盐水,可以保持细胞的完整性,同时湿润拭子可以减少细胞损伤。

(2)如果样品将用于培养,则应使用无菌拭子进行采样,并将样品储存在适当的培养基中;采样时应避免采到黏液脓性分泌物,因为这些分泌物含有死细菌、酵母、微生物和白细胞,对受感染组织的发红表面进行取样容易使样本受到微生物污染。

(3)助手辅助保定动物,将拭子轻轻地伸到眼睛结膜、鼻腔黏膜表面或口腔内病变处,收集上皮细胞。

(4)将收集到的细胞转移到显微镜载玻片上,轻轻滚动拭子,不能将棉签在载玻片上摩擦。

(5)风干,染色,镜检。

七、阴道分泌物采样

操作步骤如下。

(1)用0.9%的生理盐水湿润拭子。

(2)也可配合使用内窥镜(或耳镜),以免毛发或碎屑污染样本。

(3)将棉签以相对大的角度向上插入阴道2~3 cm后,将棉签角度降到45°左右,然后继续深入。

(4)插入棉签后,旋转棉签两三次,然后取出棉签。

(5)将棉签在洁净的载玻片上单向滚动1~2次。

(6)采用适当的染色试剂(一般采用Diff快速型染色剂)进行染色。

工作思考

饲养场将样品送至实验室检测机构时,应做好哪些记录?

(1)动物饲养场的场名、地址、场主姓名及联系方式,送检人的姓名及联系方式。

(2)送检样品的名称及数量。

(3)试验类型。

(4)送检日期。

(5)免疫情况。

（6）目前饲养动物的数量，首发病例和继发病例出现的日期，动物的临床症状、发病数、死亡数、治疗史等。

工作考核

皮肤刮片
（微课）

真题训练

内容	完成次数及时间	指导老师	被考核人员	是否通过	考核人员
血液采样					
尿液采样					
粪便采样					
皮肤采样					
耳道分泌物采样					
眼鼻口分泌物采样					
阴道分泌物采样					

工作岗位三 治 疗 室

工作人员应仪表端庄、态度和蔼、技术娴熟,应掌握无菌操作原则及专业的操作技能,掌握各种仪器的使用和维护方法。

治疗室岗位管理制度与职责

(1)每天上班前和下班后,必须将治疗室打扫干净,做好消毒工作,包括清理治疗台、地面及垃圾篓。

(2)每次处理完病例后,即进行一次清扫、消毒工作。

(3)每次进行治疗前应放一个一次性垫于治疗台上,紧急情况下除外。

(4)进行治疗工作时,必须严格按照治疗程序进行,做好消毒工作。

(5)对于输液病例,必须按要求调整输液速度,适时加药。

(6)每位病例对应的护理(医护)人员,应对病例负责到底。

(7)对于患病动物家长的疑问,如护理人员不能回答,则由主治大夫回答,工作人员不得擅自作答。

(8)不得以任何理由同动物家长发生争执。

(9)护理人员工作时要注意安全。

(10)治疗室的各项工作由每位参与治疗、护理的工作人员共同努力完成。

任务一 鼻饲管放置技术

工作目标

掌握鼻饲管放置技术(简称鼻饲管技术)的操作前物品准备工作、鼻饲管放置步骤等。

主题:职业道德。
内容:医务人员职业道德规范。

鼻饲管(简称饲管)是通过鼻孔放置在远端食道的饲管,适用于需进行短时营养介入的病例。因为不需要借助任何特殊设备或技术来放置这种饲管,因此鼻饲管放置技术适用于普通门诊。另外,放置鼻饲管不需要对动物进行全身麻醉,鼻饲管放置技术可用于无法进行麻醉的动物。

一、概述

鼻饲管放置技术要点如下。

(1)将鼻饲管通过鼻孔置入动物食管远端。在相对短期的营养干预(如3~5天)临床病例中,鼻饲管放置技术是一种非常有效的喂养技术。

(2)放置鼻饲管时不需要动物全身麻醉或深度镇静。

(3)鼻饲管不太可能长期耐受,因此不适合长期家庭喂养。

(4)鼻部疾病(如鼻炎、肿瘤、上颌骨折)或食道疾病(如食道炎)患宠慎用此技术,因为鼻饲管可能会使动物不适或使动物病情恶化。

(5)如果患宠有呕吐时间过长、精神状态不好的现象,采用鼻饲管技术会增大动物肺部吸入异物的风险。

(6)鼻饲管放置技术也不适用于具有攻击性的动物,因为喂养和管理操作在动物头部附近进行,容易使医护人员受伤。

(7)可采用本技术喂送的食物非常有限,这导致这种技术不适用于某些患宠,如患有胰腺病的犬等。

二、物品准备

放置鼻饲管之前需要准备以下物品。

(1)大小合适的鼻饲管。

鼻饲管可以由不同的材料制成,包括聚氨酯、聚氯乙烯、硅树脂和红色橡胶。聚氨酯管更坚固,硅树脂管更具生物相容性。长期使用聚氯乙烯管会导致黏膜刺激,但鼻饲管一般是短期使用的。

管子的外径为1.3~3.3 mm。应依据动物大小(鼻孔的大小是限制因素)选择管子。

(2)镇静剂(视情况确定是否使用或使用哪种镇静药物)。

(3)局部麻醉剂。

(4)胶带、注射器和生理盐水。

(5)润滑凝胶(带或不带局部麻醉剂)。

(6)缝线材料(不可吸收缝线)或组织胶。

三、鼻饲管放置步骤

鼻饲管放置步骤如下。

(1)令患宠处于胸卧位状态。

(2)将1~2滴局部麻醉剂滴入动物一个鼻孔中并抬起动物的头,使麻醉剂流至动物鼻腔。

(3)在等待局部麻醉剂起效(通常为1~2 min)时,测量动物鼻孔到第七或第八肋的距离,并在饲管相应位置用胶带标记。

(4)用润滑凝胶润滑饲管。

(5)以正常角度固定动物头部,并将饲管从动物鼻孔中间腹侧位置(朝向对侧耳朵)插入鼻道。

(6)饲管应无阻力通过动物内部,当饲管通过动物咽部时,动物可能会有吞咽动作。

(7)如果遇到阻力,应拔出饲管,并重复步骤(4)~(6)。

(8)一旦饲管通过胶带标记位置,应使用缝线或组织胶将胶带标记物尽可能地固定在鼻孔上,用缝线将胶带标记物固定在动物皮肤上,或用胶水将胶带标记物固定在动物皮毛上,如图3.1所示。

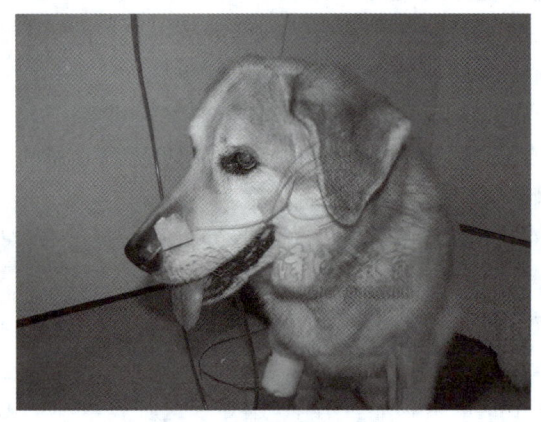

图3.1　鼻饲管放置效果

(9)然后沿饲管再放置第二个胶带标记,通过缝合线或胶水将管子固定在眼睛之间的头部皮肤或毛发上(必须小心避免管子接触动物的胡须)。

(10)动物需佩戴伊丽莎白圈,以避免动物不小心取下饲管。

(11)确认饲管放置是否正确。

①用5 mL或10 mL的注射器抽吸鼻饲管,如果不是负压,说明饲管已进入气管或胃内,此时需要重新调整饲管位置。

②注射5~10 mL空气到鼻饲管中,用听诊器根据肠鸣音判断饲管放置位置是否正确。

③将3~5 mL无菌生理盐水注入试管,观察动物是否咳嗽。

④借助X线影像检查动物鼻饲管末端是否位于第七到第八肋间,确保饲管没有打结。

四、护理方法

(1)应每天进行1~2次检查,确定动物是否有排出物或有出血情况。结痂需要用湿润的棉签或纱布清洁。每次使用管子前需要检查管子是否通畅。

(2)狭窄的管腔限制了纯液体以外的任何食物。这些纯液体往往含有高浓度的蛋白质和盐。因此,对于对高蛋白(如肾或肝功能衰竭)或高钠(如心脏衰竭)食物不耐受的患宠,应慎用鼻饲管。

(3)通过鼻饲管喂食可以给药或恒速输注的方式进行,每天的食物应被分为3～6餐,一般来说,每餐餐量(包括冲洗量)不应超过10～12 mL/kg。

(4)每次给食物或给药前,应先给少量无菌水或生理盐水,以确认饲管的通畅性和位置正确性。如果给水遇到阻力或患宠在冲洗后咳嗽,应停止操作并调查和纠正问题。

(5)在喂食结束时,还应使用小体积(5 mL)的水冲洗饲管,以防堵塞。当使用恒速输注技术通过鼻咽输注管进行输注时,动物应被持续监测,这是为了防止管子从食道移到气管时误入气道。

五、并发症

与鼻饲管技术有关的并发症相对较少,该技术不太可能导致动物死亡。研究发现,鼻饲管技术最常见的并发症是呕吐、腹泻,37%的患宠会出现这些并发症,其他轻微的并发症(如鼻道刺激、打喷嚏)可能在放置饲管时发生,也可能由固定饲管引起。

最严重的情况是饲管被插入动物气管。这可以通过成熟的操作技术避免。此外,在每次操作之前,应务必确认饲管仍在正确的位置。

工作思考

对鼻饲管技术进行总结。
(1)在需要短期营养干预的临床病例中,鼻饲管技术是一种非常有用的喂养技术。
(2)鼻饲管不能长时间耐受。

插鼻胃管
(微课)

工作考核

内容	完成次数及时间	指导老师	被考核人员	是否通过	考核人员
鼻饲管放置					

真题训练

任务二 食道饲管放置技术

工作目标

掌握动物食道饲管放置技术(简称食道饲管技术)的适应症、禁忌症及优缺点,掌握放置流程与护理要点等。

工作内容

食道饲管技术是一种为患有厌食症(缺乏食欲或食欲不振)或某种外科疾病等的无法正常进食的动物(主要是猫)提供营养的技术。

一、适应症

食道饲管技术在多种场合均可使用。
(1)胃肠功能正常,但因为某些疾病导致不愿进食的动物(如患厌食症等的动物)。
(2)患有消化道疾病的动物。
(3)需要额外补充营养的动物(如患败血症的动物)。

二、禁忌症

食道饲管技术有一定的禁忌症。
(1)全身麻醉,有高风险或有凝血障碍。
(2)有食道疾病或胃肠功能不全。
(3)无法自主保护气道,如休克、昏迷、吞咽反射减弱。

三、优缺点

食道饲管技术的优缺点对比如表3.1所示。

表3.1 食道饲管技术的优缺点对比

优点	缺点
放置快速简便	
成本低	放置时需要常规麻醉
没有专业仪器设备要求	饲管周围有感染风险
患病动物接受度高	要求动物食道及大部肠管可正常工作
食物选择范围广	动物呕吐时,饲管容易移位
放置与移除操作方便	饲管移位易引发反流,也可能会刺激动物食道使其呕吐
适用于住院及家庭护理	

四、放置流程

食道饲管技术的实施步骤如下。
(1)麻醉动物,令其处于右侧卧位,以便放置食道饲管,用口腔镜将动物嘴巴张开,手术区是下颌到胸腔入口处,颈部左侧。
(2)喂食管(食道饲管)的大小取决于动物的大小,一般来说,猫的喂食管是12~14 French 的,犬的喂食管约是 20 French 的。喂食管的材质可以是红色橡胶、聚氨酯或硅胶。饲管远端出口侧可用来做斜切口,以方便食物通过。
(3)将一个弯止血钳夹穿过动物口腔,在动物颈部触诊其尖端,以确定手术切口的位置。同时测量食道饲管长度并标记至动物第七到第八肋间,使饲管尖端(远端)位于食管(即饲管)远端,终止在远端食道(而不是胃),这样可以降低胃食道反流的风险。

(4)在止血钳尖端的帐篷状皮肤上做一0.5 cm左右的小切口,使止血钳尖端可伸出并钳夹饲管,同时将饲管远端穿过切口顺势牵拉出口腔。

(5)润滑饲管尖端,向后弯曲饲管并将其重新插入食道。

(6)当逆行饲管被推入动物口咽时,轻轻地牵引饲管近端,直到饲管的近端调至头侧,将饲管调整至预先标记的位置。

(7)通过X光摄像确定食道饲管处于食管远端的适当位置。

(8)确认无误后,使用荷包缝合固定饲管。

(9)将非黏附垫上的抗生素软膏放置在手术部位,并用纱布包扎固定。

五、护理要点

一旦动物麻醉恢复,就可以使用食管饲管了。

(1)可以使用兽用流体饲料或经适当混合的宠物食品,食物可以通过多次推注或恒速输注输送,计算每日热量需求,并规划好每天的餐数(通常为4～6餐),根据营养评估结果,临床医师可在第一天喂食计算能量需求(通常是休息能量需求)的1/3～1/2对应的食物,注意每餐餐量不超过5 mL/kg。

(2)饲喂前应检查饲管的位置是否有移动。并用温水冲洗饲管,若动物咳嗽,可能表明饲管已移位,在确认导管处于正确位置之前,不应给患宠喂食。

(3)患宠应舒适地处于直立或胸骨直立状态。

(4)应将食物加热至接近动物身体的温度,饲喂时间建议为10～15 min,然后用温水冲洗饲管。

(5)如果动物出现恶心、呕吐、咳嗽现象,应停止饲喂,重新评估患宠和饲管状态。

(6)在第一周内,应每天检查饲管周围是否有感染或食物泄漏的迹象,并用防腐溶液进行清洁。

(7)每日营养评估内容包括体检、过去24 h的热量摄入计算和潜在疾病的诊断。如果各项指标合格,可以为动物提供口服食物,并记录自愿摄入量,根据自愿摄入量,可以评估是否可减少或停止使用饲管。慢性病患宠可能需要无限期使用喂食管。在患宠体重稳定且自愿性摄入持续1～2周之前,不应移除饲管。如果不使用饲管,应每天用水冲洗两次饲管。

(8)移除饲管时,应先拆除缝线,关闭饲管开口,再轻轻拉动饲管以将其移除。造口部位应保持清洁,移除后24 h或伤口愈合前可使用敷料,伤口多会在二期愈合,不应缝合闭合。

 工作思考

还有什么导管技术可以用于动物饲喂?其有什么优缺点?

导管技术包括鼻饲管放置技术、食道饲管放置技术、胃造瘘技术,优缺点对比如表3.2所示。

表 3.2 导管技术优缺点对比

导管技术	优点	缺点
鼻饲管放置技术	普及率高 技术完善 便捷,费用低	动物进食时有不适感 食物可能反流或被误吸
食道饲管放置技术	成本低,便捷 食物选择范围广 操作方便,适合家庭护理	需全麻 有感染风险 动物呕吐时,饲管容易移位
胃造瘘技术	减少了反流可能 可持续为动物提供充足营养 可降低食物被误吸的可能	手术费高 有伤口感染风险 普及率低,只有大型医院具有手术能力

工作考核

内容	完成次数及时间	指导老师	被考核人员	是否通过	考核人员
食道饲管放置					

真题训练

任务三 胸腔穿刺

工作目标

掌握胸腔穿刺的适应症、适用部位,并熟练进行胸腔穿刺操作。

课程思政

主题:大国工匠。

内容:辛育龄,新中国胸外科事业的开拓者和奠基人,中国人体肺移植手术第一人,荣获"全国劳动模范"、"七一勋章"等称号。

工作内容

从胸膜腔中排出液体或空气能迅速改善胸膜腔疾病患宠的病情,这是一种低风险的操作。在大多数情况下不需要全身麻醉,必要时对动物进行镇静即可。如果在动物初次做检查时怀疑其有胸膜间隙疾病,可在放射成像前进行胸腔穿刺。在这些情况下,胸腔穿刺将起到治疗和诊断的作用。

一、适应症

(1)胸腔内有大量的积气,超过30%的肺部被压缩,动物出现明显的呼吸困难等症状。

(2)胸腔内出现大量的胸腔积液,患宠有胸闷、气短、呼吸困难等症状。

(3)患宠胸腔积量虽然较少,但为明确诊断,可以做诊断性胸腔穿刺进行化学检查及病理检查。

二、操作前准备

(1)物品准备。

电剪、灭菌乳胶手套、头皮针、注射器、三通阀、三通连接管、收集液体容器、碘伏和酒精、棉签等。

(2)动物体位及保定。

令动物处于站立位或俯卧位,固定动物肩部及臀部,使动物保持操作体位,避免过度刺激动物,应缓解动物紧张情绪,必要时可采用镇静保定技术。

三、操作步骤及穿刺部位

(1)对穿刺点周围的大面积区域进行剃毛。

(2)将带有内置延长装置的蝶形针或带有单独延长装置的静脉导管通过三通接头连接到注射器。

(3)插入点为第七到第八肋间。

(4)如果只有空气存在,针应插入动物背侧三分之一处;如果只有积液存在,则从动物腹侧三分之一处引流;如果既有空气,又有液体,则从腹侧中点处引流。

(5)穿刺针与胸壁成45°角,斜角朝向肺,可以尽量减少创伤。

(6)如果不确定针是否位于胸腔内,则可以使用"悬挂式下降"技术,即将一滴生理盐水放在穿刺针的中心,当液面被"吸入"穿刺针,说明针尖在胸腔内。

工作思考

胸腔穿刺的注意事项有哪些?

(1)穿刺排液过程中,应注意无菌操作并防止空气进入胸腔。

(2)套管针刺入时,应用手指控制套管针的刺入深度,以防刺入过深,刺伤动物心、肺。

(3)穿刺时必须注意防止损伤动物肋间血管与神经。

(4)应在安静环境下操作。

(5)术毕拔出针头,术部涂抹碘伏。

工作考核

内容	完成次数及时间	指导老师	被考核人员	是否通过	考核人员
胸腔穿刺					

真题训练

任务四 腹腔积液穿刺

 **工作目标**

掌握腹腔积液穿刺的适应症、适用部位,并熟练进行穿刺操作。

 课程思政

主题:科学思维。
内容:医学丰碑——张孝骞。

 **工作内容**

一、概述

(1)腹腔积液穿刺是一种快速简便的方法,可以借此获取游离的腹部液体样本以进行分析。该技术禁忌症很少(如凝血障碍、占位性病变等),器官穿孔也很少见。可以单点穿刺,也可以四向穿刺。

(2)腹腔积液的类型如下。

漏出性腹腔积液:肝源性积液、心源性积液、肾源性积液、静脉阻塞性积液、营养缺乏性积液等。

渗出性腹腔积液:原发性/继发性腹膜炎积液等。

出血性腹腔积液:肿瘤、腹腔脏器破裂引发的积液等。

(3)大量积液可通过 X 光摄像发现,影像中,腹腔内各脏器细节丢失,一般呈现磨砂玻璃样。少量积液可通过超声诊断发现。

二、适应症和优点

(1)方便快捷,结果准确。
(2)可用于诊断腹腔器官的形态及机能。

(3)可用于腹水症,减轻腹内压,使患病动物减轻痛苦。
(4)可用于腹腔输液和腹腔麻痹。

三、所需器具

电剪、腹腔穿刺针、三通阀、三通连接管、三通头皮针、注射器、试管、医用碘伏、无菌手套、医用纱布、医用棉签等。

四、步骤

(1)操作人员佩戴手套并消毒,将注射器连接三通头皮针和三通连接管。
(2)大型动物通常采用站立保定方式,小型动物通常采用左侧卧位保定方式并为其剃毛(这减少了手术过程中脾损伤的可能性)。
(3)进行常规无菌皮肤准备后,将针头或静脉导管连接到注射器上,从动物脐稍后方,腹白线偏1～2 cm处刺入腹部;或采用四向限穿刺方式,通过穿刺四个点来评估整个腹部,穿刺时可用超声引导。
(4)抽吸注射器,取出腹水样本进行分析。
(5)拔针消毒。

五、样本分析

(1)用眼观察液体,以评估样本混浊度。
(2)可以测量液体的PCV来评估动物是否存在腹部出血症状。
(3)化验液体的总蛋白水平可指示积液是渗出液还是漏出液。
(4)可进行显微镜镜检。
(5)可进行生化检查。若胆红素水平高于正常水平,表明有胆汁泄漏;若肌酐水平高于正常水平,表明有尿液泄漏。
(6)用手持宠糖仪测量渗出液的葡萄糖水平是一种快速、简便的检查方法。如果动物体内出现败血症性渗出物,细菌和白细胞将在渗出液中代谢葡萄糖,导致葡萄糖水平降低。因此,如果渗出液中的葡萄糖水平较正常水平低,则证明动物可能患败血症性腹膜炎。

 工作思考

腹腔积液穿刺的注意事项有哪些?
(1)保定好动物,防止其乱动,以免损伤其腹部脏器。
(2)放液时应缓慢,并注意观察动物的心脏情况。
(3)针头刺入时,可稍微移动一下穿刺部位的皮肤再进行穿刺。

腹腔穿刺术
(微课)

 工作考核

内容	完成次数及时间	指导老师	被考核人员	是否通过	考核人员
腹腔积液穿刺					

真题训练

任务五 导尿技术

工作目标

掌握导尿操作的适应症、操作方法及注意事项。

课程思政

主题:科学思维。
内容:医学泰斗——吴阶平。

工作内容

对患泌尿系统疾病、肾功能不全,或无尿路疾病的急诊或重症监护患宠可能需要进行尿路通便。为了精确测量尿量、防止瘫痪动物尿污染等,需要为动物放置导尿管。

一、导尿前准备

(1)做好镇静工作。
①进行导尿操作前对动物进行镇静十分有必要,无论动物是否安静或是否具有攻击性。
②镇静可以减少动物在导尿过程中的应激反应,降低动物疼痛感,也可以减轻家长的焦虑并提升就诊体验。
③镇静有助于导尿的顺利进行,可以避免导尿过程对动物尿道发生二次伤害,同时也降低了医护人员受伤的风险。
④镇静后动物全身放松,有助于导尿的进行。
(2)准备物品。
电剪、碘伏、创巾、垫巾、灭菌乳胶手套、无菌导尿管、润滑剂、盛尿容器、针筒。

二、公猫导尿步骤

(1)令患宠处于侧卧位状态。
(2)用拇指和食指将动物包皮推到底部,露出阴茎。
(3)将润滑导管的无菌尖端插入阴茎尿道。
(4)一旦导管进入阴茎尿道,抓住包皮并向背侧拉直尿道,使导管安全通过。

(5)轻轻推进导管,直到尿管中出现尿液。

(6)对于尿道堵塞的猫,可能需要使用一根小规格导管,例如22号静脉导管的插管或泪腺导管。导管在用大量生理盐水冲洗的同时被推进。

三、母猫导尿步骤

(1)令患宠处于侧卧位状态。

(2)用低刺激消毒液(0.1%的新洁尔灭溶液)清洗动物阴门,然后将2%的盐酸利多卡因溶液滴入阴道内进行表面麻醉。

(3)抓住外阴唇,令导管尖端沿前庭腹中线穿过。

(4)外尿道口处前庭底凹陷,导管尖应沿此凹陷处进入尿道,此操作为盲插,掌握该技巧的前提为熟练掌握母犬导尿管盲插技术。

(5)推进导管,直到在导管中心看到尿液。

(6)导尿完毕后向膀胱注射抗生素药液,然后拔出导尿管,解除保定。

四、公犬导尿步骤

(1)令患宠处于侧卧位状态。

(2)擦拭公犬包皮处(用无菌干棉块)。

(3)取出消完毒的导尿管,在右手掌将其盘成环状,在导尿管头部涂上润滑液。

(4)暴露阴茎尿道口,导尿管头对准阴茎尿道口插入(不要用蛮力)。

(5)当有尿液流出时,继续插入1 cm,抽出导尿管钢丝芯,用集尿杯收取尿液。

(6)导尿结束后,将装有庆大霉素的注射液打入膀胱。

(7)缓慢拔出导尿管,用碘伏棉球擦拭阴茎包皮进行消毒。

五、母犬导尿步骤

(1)令患宠处于侧卧位或背卧位状态,后肢应向头侧牵引。

(2)将阴道镜插入阴道,狭缝应位于腹侧。

(3)颅腹底可见外尿道口前庭凸起。

(4)用水溶性凝胶润滑合适的导尿管,并将导尿管以无菌方式插入尿道。

(5)顺插导尿管,直到在导尿管中看到尿液回流。

工作思考

导尿的注意事项有哪些?

(1)猫易敏感挣扎,要做好镇静和保定,以防其伤人。

(2)插入导尿管时要缓慢,不可用力过大,以免损伤尿道。

(3)猫的导尿管里如果带有金属探针,则在推送导尿管的同时还要推送软管,并同时将探针回拔,遇到阻力时可以再次插入探针推送导尿管。

(4)应根据动物体型选择合适型号的导尿管,并检查导尿管有无损漏。

公犬导尿术
(微课)

母犬导尿术
(微课)

工作考核

内容	完成次数及时间	指导老师	被考核人员	是否通过	考核人员
公猫导尿					
母猫导尿					
公犬导尿					
母犬导尿					

真题训练

任务六　灌肠技术

 工作目标

掌握灌肠的适应症、常见灌肠药物，并能掌握灌肠操作。

 课程思政

主题：奋进新时代。
内容：感动中国 2016 年度人物——梁益建。

 工作内容

灌肠是将液体用肛管经肛门灌注进结肠，以达到通便排气目的的一种治疗方法，其有刺激肠道蠕动，软化、清除粪便的作用。灌肠也可用于给动物降温、减少动物对毒素的吸收等，其一般用于检查和治疗。

一、概述

灌肠所用的灌肠剂是一种液体制剂，其可通过肛门进入直肠和结肠，刺激粪便排泄。临床中，也可以诊断或治疗目的引入液体制剂。

1. 适应症

（1）口服给药困难的情况下，考虑灌肠给药。
（2）犬猫进食困难，呕吐强烈，食欲废绝，按压它们的腹部可以摸到香肠状的、有弹性的硬物。
（3）直肠炎、结肠炎。

(4)对于大便干燥,排便困难的动物,可应用灌肠疗法软化粪便,润滑肠道。

2. 优缺点

优点:可促进动物排便,用于治疗疾病。

缺点:会刺激动物肠胃,使动物菌群失衡,影响动物肛门的功能。

二、灌肠前准备

(1)基本物品准备:输液架、输液器、盆、垃圾袋、记号笔、润滑油、灌肠液、标签纸、手套、防护服、灌肠管理设备或微型灌肠泵。

(2)动物准备:为猫准备猫砂盆。

(3)药物准备如表3.3所示。

表3.3 药物准备

溶液	药量	注意事项
温水	猫:5~10 mL/kg 中小型犬:20~30 mL/kg 大型犬:30~40 mL/kg 每20~30 min重复操作一次	便宜,操作简便,无并发症
肥皂和水 产科润滑剂和水 甘油和水 橄榄油和水	5~10 mL/kg	强力肥皂液和热水会刺激黏膜,不应使用
液体石蜡	5~10 mL/kg 每1~2 h重复一次	便宜,效果明显,但容易造成动物居住环境污染
微泻药	按说明使用	便于管理
磷酸盐	按说明使用	可能导致低血钙,因此不推荐用于猫和小型犬
造影剂(如硫酸钡)	5~15 mL/kg	用于放射造影研究。如果怀疑动物肠管破裂或穿孔则不应使用钡剂,而应使用含水溶性碘的造影剂(如天麻素)
生理盐水	1~2 mL/kg 12 h内不要重复给予	在幼龄犬猫中慎用

三、步骤

(1)温热灌肠药物,温度以动物体温为宜。

(2)润滑喷嘴。

(3)确保具备适当的约束,稍微抬高动物后躯,提起动物尾巴(呈前低后高姿势)。

(4)轻轻插入喷嘴尖端,缓慢而轻柔地灌肠,如果动物有抵抗,不要强迫灌肠(灌肠后不必持续抬动物后躯)。

(5)允许动物自由运动并观察其大便情况。

(6)灌肠后,清洁、干燥会阴区域,并将灌肠结果记录在病历上。

四、注意事项

(1)直肠内存有积粪时,先进行不留液灌肠,再进行留液灌肠。
(2)灌肠前先将药物预热至35 ℃(热性疾病用冷灌肠)。
(3)避免粗暴操作,以免损伤动物肠黏膜或造成肠穿孔。
(4)溶液被注入后,由于排泄反射,溶液易被排除,应用手压迫动物尾根和肛门;或在注入溶液的同时,用手指刺激动物肛门周围;也可以通过按摩动物腹部减少溶液排出。

工作思考

1. 灌肠操作的禁忌症和注意事项

(1)急腹症、消化道出血、妊娠、严重心血管疾病等不宜灌肠。
(2)操作时尽量少暴露犬猫肢体。
(3)肝性脑病犬猫禁用肥皂水灌肠;充血性心力衰竭犬猫或水钠潴留犬猫,禁用生理盐水灌肠。
(4)心衰体弱、呼吸困难的动物禁止灌肠,灌肠会导致腹压上升,影响动物呼吸。
(5)幼小病犬灌注量过大,灌注速度过快,会导致其死亡。

2. 灌肠的并发症

(1)灌肠管粗硬,会引起肛门肿胀。
(2)灌肠管粗糙,会致肛门直肠出血。
(3)灌肠管粗硬,或者操作者用力过猛,会引起动物肠道穿孔。

工作考核

内容	完成次数及时间	指导老师	被考核人员	是否通过	考核人员
灌肠技术					

真题训练

任务七　皮下脓肿治疗

工作目标

掌握动物皮下脓肿的治疗方法和护理要点。

课程思政

主题：科学思维。
内容：南宋医学家——陈自明。

工作内容

脓肿是指组织、器官或体腔内因病变组织坏死、液化而出现的局限性脓液积聚，其四周有一个完整的脓壁。

一、概述

(1)常见的致病菌为金黄色葡萄球菌。

(2)脓肿常因各种损伤，如刺伤、擦伤、抓伤，尤以咬伤后，细菌侵入机体感染所致。也可继发于邻近组织炎症、脓毒血症或淋巴结炎。常见的致病菌有葡萄球菌、链球菌、大肠杆菌、化脓性棒状杆菌和绿脓杆菌等。此外，静脉注射的某些刺激性药物(如10%的氯化钙溶液，10%的氯化钠溶液)漏于皮下会引起皮下脓肿。脓肿根据发生的部位不同，可分为浅在性脓肿和深在性脓肿。化脓感染初期，局部血管扩张，血管壁的渗透性增高，白细胞(特别是分叶核粒细胞)大量渗出血管，出现以分叶核粒细胞为主的炎性细胞。浅表(皮下)脓肿通常是由于尖锐创伤(如动物咬伤或受感染的外科手术)将细菌引入组织后形成的(兔及豚鼠例外)。

(3)脓肿的临床症状包括：局部肿胀(出现脓囊和局部水肿)、局部疼痛、上覆皮肤发热和产生红斑、有全身中毒症状(如发热、抑郁、厌食、心动过速)。浅在性脓肿常发生于皮下结缔组织和筋膜下。幼犬常发生颌下脓肿，猫常常发生面部和颈部脓肿。初期，脓肿处局部呈浸润性肿胀，稍高于皮肤表面，触诊局部可发现温度增高，中央坚实。之后脓肿界限明显，组织坏死液化，中央有大量脓汁积聚，触诊脓肿可发现中央柔软，波动明显，周围坚实，此时动物出现全身症状，体温增高，精神沉郁。很久之后，脓肿膜溶解，皮肤坏死变薄，脓肿自溃，脓汁排出，动物全身症状缓解。

二、术前护理

术前护理的程度取决于脓肿对动物全身影响的程度。对厌食症动物和发热动物在术前用液体疗法等来稳定病情。对于不复杂的猫脓肿，应尽量减少术前护理环节。

三、皮下脓肿治疗

对于浅表脓肿(如皮下猫咬伤脓肿)，可以用手术刀在上覆皮肤上刺一个切口。根据脓肿的位置和动物的性格，选择进行局部麻醉、镇静或全身麻醉。然后用无菌生理盐水等溶液冲洗空腔，以稀释和去除受感染的物质或防腐剂。许多防腐剂会刺激组织，必须谨慎使用。

手术治疗方案如下。

(1)向兽医咨询如何约束动物(镇静/麻醉)。

(2)准备物品:简单的手术包(手术刀、剪刀、止血钳、缝合物品)、无菌生理盐水、无菌棉和注射器、适当稀释的消毒剂。

(3)擦洗以脓肿点为中心的区域,可适当增大擦洗面积,这样可以保证无菌操作,防止患部受到污染。

(4)用手术刀切开脓肿,暴露空腔,然后进行冲洗。

(5)清洁并吹干周围的皮肤和毛发,如果需要,涂抹敷料或进行引流。

四、术后护理

一般脓肿(如猫咬伤引起的脓肿)通常预后良好,但有时也会引起严重的并发症。

根据药敏试验结果,应用药两周。应在术后24 h给予阿片类止疼药物和给予4～5天的非甾体抗炎药。应监测患病动物是否出现败血症、休克和贫血。在动物稳定并能进食前,使用LRS和5%的GS溶液调节电解质平衡和纠正脱水。观察尿液颜色,以及有无血尿。应使用2周抗生素。为动物佩戴伊丽莎白圈,防止动物舔咬伤口,直至拆线结束。应在1年内每3～4个月进行一次超声检查,确认动物病情是否复发或是否有持续性感染。

 工作思考

脓肿的发展过程是怎样的?

脓肿可原发于急性化脓性感染,或由远处原发感染源的致病菌经血流、淋巴管转移而来。炎症组织在细菌产生的毒素或酶的作用下,会发生坏死、溶解,形成脓腔,腔内的渗出物、坏死组织、脓细胞和细菌等共同组成脓液。脓液中的纤维蛋白形成网状支架,病变限制于局部,脓腔周围充血水肿,最终形成以肉芽组织为主的脓腔壁。

常见外科感染的类别(微课)

 工作考核

内容	完成次数及时间	指导老师	被考核人员	是否通过	考核人员
皮下脓肿治疗					

真题训练

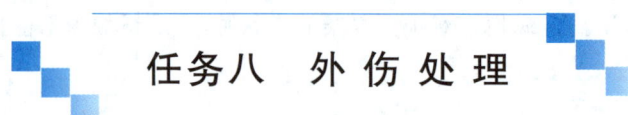

任务八 外伤处理

 **工作目标**

掌握动物外伤的分类,并熟练进行外伤处理。

📢 **课程思政**

主题:科学思维。
内容:"生命天使"——林巧稚。

📝 **工作内容**

下面将介绍与动物外伤有关的知识。

一、概述

(1)外伤(损伤)分类。

①根据损伤原因进行分类:机械性损伤,如刀伤、砸伤、切伤、跌伤等;动物咬伤;化学性损伤,如烧伤、烫伤等。

②根据损伤程度进行分类:轻度损伤、中度损伤、重度损伤。

③根据伤口情况进行分类:开放性损伤,如刀伤,出现感染的概率非常高,可以用无菌敷料覆盖,直到患病动物稳定为止;闭合性损伤,一般没有明显的伤口,但是后果比较严重。

④根据动物受伤时间进行分类:急性损伤、慢性损伤。

(2)许多受伤动物可能会因疼痛而焦虑或具有攻击性,因此,适当的止痛是至关重要的,在进行伤口评估时,对于暴躁的患宠,可能需要镇静或全身麻醉。

二、外伤处理

(1)控制出血。使用无菌拭子或绷带在伤口处施加直接压力。在拭子中添加稀释肾上腺素(取 1 mL 肾上腺素加入 100 mL 盐水)有助于引起血管收缩,但不建议应用于动物四肢或动物存在心律失常的情况。如果存在动脉出血,可对肱动脉或股动脉施加压力。

(2)止血带可以在伤口上使用。狭窄的弹性止血带会对神经血管施加很大的压力,并且只能使用 5 min。5~10 cm 宽的带子可使用长达 30 min。可以将血压袖口放在靠近伤口的地方,充气,令汞柱比动脉压对应的高 20~30 mm,此可使用 6 h。对于较大的血管,需要进行结扎。

(3)止血后,伤口上应覆盖无菌敷料。用浸泡的拭子从伤口向外剪下皮肤,然后可以用大量的生理盐水或乳酸林格氏液冲洗伤口,之后在伤口内灌涂水溶性凝胶,并用绷带包扎伤口,以减少伤口的进一步污染。

(4)对于创伤性和感染性伤口,应尽快使用抗生素。第一代头孢菌素是很好的选择。

(5)一旦患宠病情稳定,便可以进行更彻底的评估。检查时可能需要适当的化学约束。在给药前,评估远端神经肌肉和运动功能很重要。诊断成像可用于检查异物、穿透性损伤、肌腱或韧带损伤等。

(6)灌洗可以减少细菌的数量,有助于松动坏死组织和碎片。但应避免使用含有抗菌剂或阻滞剂的洗涤液,它们会导致细胞损伤、伤口愈合缓慢,并可能导致细菌产生耐药性。乳酸林格氏液是最好的选择,它的细胞毒性最小,具有接近中性的pH值。

(7)灌洗伤口时需要给溶液施加一定的压力,但要避免将碎片推入组织或对重要组织造成损害。灌洗液的体积很重要,对于较小的浅表伤口,一般使用0.5~1 L灌洗液,对于较大的伤口,可能需要几升无菌灌洗液。

(8)对于任何创伤性伤口,都需要清除失活组织和异物,以防止伤口感染和组织坏死,促进伤口愈合。

(9)清创后,需要决定是否进行伤口闭合。一期愈合是最佳选择。如果对组织生存能力或感染风险有疑问,应采用开放式伤口管理措施使伤口愈合。对于肌腱和骨骼等底层结构的损伤,需要专业治疗。如果有明显的皮肤脱落状况,则可能需要皮瓣移植。

 工作思考

烧伤的治疗管理(微课)

动物外伤处理的注意事项有哪些?
(1)要严格执行无菌操作。
(2)动作要轻柔、迅速,操作者应认真仔细。
(3)对高度污染的伤口(气性坏疽等)要做好严格的隔离,应对污染物进行无害化处理,污染器械要加倍消毒,操作人员应严格消毒,避免交叉感染。
(4)应严格检测患病宠物的机体状况,必要时要结合全身状况用药,防止动物全身感染,提高动物机体的免疫力。

 工作考核

真题训练

内容	完成次数及时间	指导老师	被考核人员	是否通过	考核人员
外伤处理					

任务九 常见绷带包扎技术

 工作目标

掌握用于进行动物包扎的敷料的类型,并熟练掌握动物各部位的包扎技术。

 课程思政

主题:职业精神。
内容:舍身为民的淬火英雄——张劼。

 工作内容

利用敷料、绷带等材料进行包扎,以达到止血、保护创面、吸收创液、限制动物活动、促进受伤组织愈合的目的。

一、敷料

敷料是用于覆盖和保护伤口的材料,也可理解为绷带,与伤口直接接触的部分称为接触层。敷料是处理伤口的关键,其具有许多不同的功能,敷料的选择与包扎是开放性伤口管理中的一项重要技术。

(1)接触层(第一层)。

目的:维持伤口最佳愈合条件。

作用:清创和去污;抗菌;调节水分;调节 pH;维护和保护健康肉芽组织。

材料举例:水胶体、海藻酸钠、胶原蛋白、镀银敷料、透气膜、防腐剂、芦荟、蜂蜜等。

(2)填充层(第二层)。

目的:为动物提供舒适感。

作用:从伤口处吸收渗出的液体;保护受伤的组织,支撑和固定受伤的部位。

材料举例:医护级别的脱脂棉、纱布、绷带等。

(3)支持层(第二层)。

目的:提供一定的压力和支撑。

作用:压缩并固定填充层;支撑并固定身体受伤部位;实现压力止血;防止血液积聚并促进四肢静脉回流。

材料举例:纺织品、绷带。

(4)保护层(第三层)。

目的:提供支撑和保护。

作用:将主要层和次要层固定;支撑和固定身体受伤部分;允许水分蒸发;保护伤口。

材料举例:3M 弹性绷带。

二、耳部包扎技术

(1)用适当的无菌敷料覆盖伤口。

(2)在动物头顶放置垫料,将其耳尖向上提起,令动物平躺在垫料上,如果动物双耳受伤,则重复上述步骤。最后将另一块垫料放在耳廓顶部。

(3)另取垫料放在动物脖子下面,以 8 字形的方式进行包裹,直至伤口被覆盖,可利用不需包扎的一侧耳朵辅助固定。

(4)在绷带上覆盖一层保护层。

(5)用马克笔在外层记录日期等相关信息,再三确定绷带不会给动物的呼吸及吞咽造成障碍。

三、前躯干包扎技术

(1)将无菌敷料放于伤口上,从胸背中部开始,在胸壁周围包扎一层垫料。

(2)将前肢一起包扎成 8 字形,以方便固定绷带。

(3)绷带沿着胸壁返回,从尾端绕到绷带开始缠绕的地方。
(4)包扎力度应适中,以确保绷带不影响动物呼吸。

四、后躯干包扎技术

(1)将无菌敷料放于伤口上,从腹部中部开始,在腹壁周围包扎一层垫料。
(2)将后肢一起包扎成8字形,以方便固定绷带。
(3)绷带沿着胸壁返回,从尾端绕到绷带开始缠绕的地方。
(4)包扎力度应适中,以确保绷带不影响动物排尿及排便。

五、四肢包扎技术

(1)将两段氧化锌胶带覆盖在腿上15~20 cm处,超出脚趾10~13 cm,并放置在腿的每一侧形成马镫,必要时垫出脚趾。
(2)放置棉绒层:从指甲中间开始,将棉绒在腿上倒卷4~5次。
(3)按要求包扎绷带,应尽可能牢固、均匀地压缩棉毛,并将伤口完全覆盖。
(4)解开氧化锌胶带的两端并向后折叠以固定绷带。
(5)用黏性敷料覆盖绷带。
(6)检查绷带是否太紧。
(7)两个中间的脚趾应该保持暴露。

六、肢端包扎技术

(1)用一小块吸水性敷料把脚趾间垫起来。
(2)在脚背和手掌/足底区域涂上一层垫料。
(3)扭动绷带,对角覆盖脚的内侧和外侧。
(4)将绷带向近端卷起,直至腿部。
(5)对黏性敷料层重复此步骤。

七、尾部包扎技术

(1)选用合适的敷料。
(2)用合适的绷带从动物底部沿着尾巴的背面卷到尾尖,再从尾尖下沿尾腹侧回到基部。
(3)把绷带折回去,沿着腹面返回到尾尖。
(4)将绷带从末端向底部的近端旋转,确保尾部底部的压力均匀。
(5)黏性敷料层使用同样的方法。

工作思考

常见绷带包扎技术的注意事项有哪些?
(1)按包扎部位的大小、形状选择宽度合适的绷带。绷带太宽不便使用,会使包扎不平;绷带太窄则难以固定,包扎不牢固。
(2)包扎要迅速,用力均匀,松紧适宜,避免一围松一围紧。压力不可太大,以免导致外循环障碍;但也不宜太小,以免脱落和固定不牢。在操作过程中,绷带不得脱落污染。

(3)在临床治疗中不宜使用湿绷带进行包扎,因为湿绷带不仅会刺激皮肤,而且容易造成感染。

(4)对四肢进行包扎时必须按静脉血流方向包扎,从四肢的下部开始向上包扎,以免导致静脉瘀血。

(5)卷轴带的缠绕总是以环形带开始,以环形带终止。包至最后,末端应妥善固定以免松脱,一般用胶布进行粘贴,这比打结更为光滑、平整、舒适。如果采用末端系结方法,则结扣不可置于隆突处或创面上,结的位置也应避免被动物啃咬。

(6)包扎尾绷带时,尾根部的环形带不能压迫过紧,否则易引起尾部血液循环障碍,甚至导致局部干性坏死。

(7)包扎应美观,绷带应平整无皱褶,以免产生不均匀的压迫。交叉或折转应成一线,每圈绷带的遮盖面积要一致。应除去绷带边上活动的线头。

(8)解除绷带时,应先将末端的固定结松开,再朝缠绕方向的反方向以双手相互传递松解的方式进行解除。解下的部分应捏在手中,不要拉得很长或拖在地上。紧急时可以用剪刀进行解除。

(9)对于破伤风等厌氧菌感染创口的情况,不宜用绷带包扎。

工作考核

内容	完成次数及时间	指导老师	被考核人员	是否通过	考核人员
耳部包扎技术					
前躯干包扎技术					
后躯干包扎技术					
四肢包扎技术					
肢端包扎技术					
尾部包扎技术					

真题训练

任务十 临终关怀与安乐死实施术

工作目标

掌握动物安乐死实施的方法与注意事项。

课程思政

主题：职业精神。
内容：让生命"走"得有尊严。

 工作内容

安乐死是指患不治之症的宠物在垂危状态下（癌症晚期、久治不愈的高位截瘫、频发性治疗无效性犬瘟热、肾脏衰竭透析无效性尿毒症等），在宠物家长的要求下，经过医生的认可，在无痛苦状态中结束生命的过程。

一、常用方法

安乐死的方法很多，最常见的是在动物处于深麻状态时，对其静脉注射令心脏骤停的药物。动物安乐死的常用方法如表3.4所示。

表3.4 动物安乐死的常用方法

方法	乳鼠（0~6日龄）	小鼠、大鼠（体重<200 g）或兔（体重<2 kg）	大鼠、豚鼠（体重≥200 g）	兔（体重≥2 kg）	犬猫	非人灵长类动物	小型鸟禽	农场动物（猪、反刍动物、马等）	两栖动物、爬行动物、鱼类
二氧化碳安乐死	×	√	√	!	×	×	×	×	用液氮低温冷冻或急速降温的方法安乐死
注射安乐死药物	×	√	√	√	√	√	√	√	
吸入安乐死药物	×	√	√	√	√	√	√	√	
深麻状态下IV注射	×	√	√	√	√	√	√	√	
深麻状态下放血	×	√	√	√	√	√	√	√	
深麻状态下断头	√	√	√	×	×	×	√	×	
深麻状态下颈椎脱臼	√	√	√	!	×	×	√	×	
清醒时断头	√	√	!	!	×	×	—	×	
清醒时颈椎脱臼	×	!	×	×	×	×	×	×	

注：√为建议使用方法；×为不推荐使用方法；!为必须有科学必要性并经伦理委员会审核通过方可使用的方法。

二、流程

1. 术前准备

(1)动物家长确定要为动物实施安乐死后,与医院签署安乐死协议。

(2)将动物带至安静、人流少的房间,在操作台上铺好毛毯,轻柔地将动物保定于操作台上,禁止家长在现场观看安乐死过程。

(3)准备好所需耗材和药物:注射用全身麻醉剂(舒泰+846/丙泊酚)、安乐死药物(10%的氯化钾溶液30 mL)、干棉球、听诊器、笔灯、502胶、医疗垃圾袋/尿垫、包装袋(家长自备或废弃手术衣等)。

2. 手术过程

(1)肌肉注射全身麻醉药物,至动物意识消失(眼睑反射消失(用笔灯照射)、肌张力下降等)。

(2)静脉注射安乐死药物,听诊动物心肺、检查动物瞳孔,确定动物死亡(听不到心音、呼吸音,动物瞳孔散大)。

3. 术后处理及人文关怀

(1)拆除动物身上所有外在的异物,包括项圈、颈带、之前埋置的导管、包扎带等,用502胶粘贴动物上下眼睑,使其闭眼,整理动物遗容。

(2)带家长来到安乐死房间,给予家长和动物告别的时间。

(3)将动物头部和后躯用医疗垃圾袋或尿垫包裹隔离,避免内容物泄漏,用废弃手术衣或家长自备包装袋对动物遗体进行包裹。如果有合适的盒子,可在盒底铺上干净的尿垫或毛毯,将动物轻柔地放入盒内,交由动物家长带回。若选择火化,应签署火化同意书。

工作思考

总结安乐死的注意事项。

(1)必须事先签订协议。

(2)手术人员应根据宠物病症做好防护工作。

(3)一定要给予足量的安乐死药物。

(4)宠物离开手术台时一定要确定其已死亡,做好后期工作。

(5)手术器械的消毒与养护工作要做好。

(6)注意及时对主人进行安抚。

安乐死技术
(微课)

工作考核

内容	完成次数及时间	指导老师	被考核人员	是否通过	考核人员
临终关怀与安乐死实施术					

真题训练

任务十一 急 救

工作目标

掌握动物基础生命支持和高级生命支持的具体内容和方法,以及可以用于急救的药物的品种、使用方法与剂量。

课程思政

主题:科学思维。
内容:神医传奇——急救圣手葛洪。

工作内容

急救中最重要的工作就是进行心肺复苏,包括基本生命支持(BLS)、高级生命支持(ALS)和延长生命支持(PLS)。本节重点介绍 BLS 和 ALS。

一、基础生命支持

心肺复苏(CPR)是一种为经历心肺骤停(CPA)的动物提供人工胸外按压和人工呼吸的过程。心肺骤停被定义为心脏功能和呼吸功能的突然丧失。

对于人类,在医院接受过 CPR 的患者的生存率为 10%～20%;对于动物,这个数字为 4%～9.6%。对于犬猫,心脏骤停主要是在住院期间发生的。此时,医护人员可以快速识别具有心脏骤停风险的患宠,并进行快速有效的干预。也可以制定监控计划,从而尽早识别高危患宠的异常并快速做出反应。急诊动物分级情况如表 3.5 所示。

表 3.5 急诊动物分级情况

分级	代表色	等待评估/处理的时间	举例
复苏	红	即刻	严重呼吸窘迫、失代偿性休克、失血性出血、昏迷
紧急	橙	5～15 min	中度呼吸窘迫、尿道阻塞、代偿性休克、昏睡
急迫	黄	15～45 min	轻度呼吸窘迫、呕吐/腹泻、不可控的轻微出血、沉郁/呆滞
半急迫	蓝	1～2 h	小的撕裂伤、没有并发症的骨折
常规	绿	4 h	拆线、免疫、生理手术

做心肺复苏前需要检查以下内容。

(1)检查动物是否还有呼吸。

把手放在动物鼻子前或是胸部上,看看是否能感觉到呼吸和心脏起伏。动物牙龈为灰蓝色、紫色时,说明动物处于缺氧状态。

(2)确保动物口中没有异物。

把舌头从动物嘴里拉出,放置在齿侧,确保动物气道内没有异物,气管畅通。

(3)确认动物有无脉搏跳动。

股动脉处是最容易找到脉搏的地方,用手感受动物大腿内侧有无脉搏跳动。

1. 胸外按压

足够的胸部按压深度和速度决定了心肺复苏的成功概率。按压的频率应为100～120次/分。推荐的胸部按压点随动物胸部构象的不同而不同,如图3.2所示。

在圆胸犬(如拉布拉多猎犬)的胸部最宽点上方按压　　在深胸犬(如细犬)的心脏上方按压

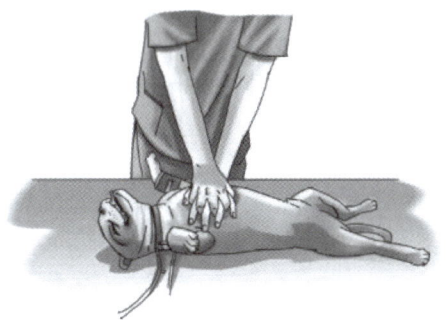

在平胸犬(如英国斗牛犬)的胸中点上方按压

图3.2 推荐的胸部按压点

中型到大型犬胸部按压的推荐施救姿势:肘部锁定,腰部弯曲并接合核心肌肉产生压迫力,如图3.3所示。对于大多数猫和小型犬,心脏上方是首选按压点,如图3.4所示。每次按压都需要保证胸腔下陷1/3～1/2。

2. 气道支持

拉出动物的舌头,伸长动物的脖子,检查动物咽部是否有呕吐物、痰或异物并进行清理,也可通过按压动物胸部清除异物。建立好清晰的气道后,开始放置气管插管,可使用利多卡因来减少喉痉挛。

如因异物、肿瘤或喉头痉挛等情况无法进行插管(具体操作见本书气管插管部分),则考虑切开动物气管。

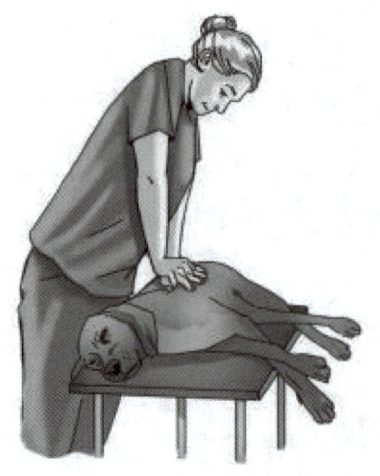
图3.3 中型到大型犬的胸部按压

图3.4 大多数猫和小型犬的胸部按压

3. 人工呼吸

需要将动物口腔及一侧鼻孔封住,再给予通气,一旦胸部出现起伏,继续吹气4～5次,然后检查动物是否恢复自主呼吸。若没有恢复,则在有气管插管的情况下,使用呼吸机气囊进行正压通气,令动物每分钟呼吸10次,潮气量为10 mL/kg,吸气时间为1 s。

若无条件,则按以下操作进行人工呼吸。

单人操作建议遵循30∶2原则,压胸30次后吹2口气,如此循环。医护人员较多时,可将换气速率控制为每分钟6～10下,可一人做心脏按压,一人做人工呼吸,持续进行此操作,每2分钟检查一次动物呼吸和心跳,直到动物恢复呼吸。

刺激穴位有时有助于刺激呼吸。需要刺激的穴位位于鼻中隔,将25号针头垂直插入该点,不断旋转、弹动针头以起到注射肾上腺素的效果,此方法多用于呼吸暂停的新生动物。

二、高级生命支持

高级生命支持包括:血管通路建立、心电图监测、呼气末二氧化碳($EtCO_2$)监测、急救药物使用等内容。

1. 血管通路建立

应在进行BLS时尝试建立血管通路,但不应妨碍BLS。

血管通路的建立对于动物心肺复苏过程中的药物管理,以及根据动物的需要提供晶体、胶体或血液制品是非常重要的。

血管通路分为外周静脉和中央静脉。外周静脉的建立方便快捷,但药物起效速度慢,在给药后给予0.5 mL/kg的晶体液有助于加快药物起效。中央静脉的建立较复杂,但药物起效速度快,输液速度不受限制。

2. 心电图监测

(1)心脏停搏。

心脏停搏是指心脏电活动缺失,心电图上呈"扁平线"。心脏没有电活动,也没有机械活动,这意味着血液不会被泵出心脏进入循环。

心脏停搏时,听诊无心跳,也不会检测到脉搏。除BLS措施外,肾上腺素(每隔一个压缩周期给予一次)和阿托品也可用于猫和犬的心律失常治疗。

(2)无脉性电活动。

无脉性电活动(PEA)，又称电子机械分离，指的是有组织心电活动存在，但无有效的机械活动，此时触摸无脉搏。此时，除BLS措施外，10%的葡萄糖酸钙(0.1 mL/kg)与肾上腺素(每隔一个压缩周期给予一次)和阿托品结合也可用于猫和犬的心律失常治疗。

对于只有P波的情况，此时除采取BLS措施外，还可同时给予阿托品。

(3)室颤。

室颤患宠的心电图混乱、不稳定，即心电图没有明显的节律性。

此时需利用除颤仪。如果电除颤方法不可用，可以在心前区发出重击，通常使用手掌根部直接向心脏部位重击。也可以尝试使用胺碘酮进行化学除颤，在没有胺碘酮的情况下，可使用利多卡因(犬：2~4 mg/kg；猫：0.2 mL/kg)进行化学除颤。但化学除颤成功率极低。

3. 呼气末二氧化碳监测

当动物的 $EtCO_2$ < 15 mmHg 时，给予BLS。

(1)胸外按压时，每分钟压缩100~120次。

(2)如果以上述速率按压无效，则增加速率。

(3)仍无效，则改变位置(令动物由侧卧改到背卧)，开始插入式腹部按压。

(4)仍无效，考虑开胸心肺复苏术。

(5)如果采用了最佳技术后，$EtCO_2$ 仍小于 10 mmHg，则应考虑停止心肺复苏。

4. 急救药物使用

在急救药物的使用上，需要注意药物浓度、给药剂量及途径、使用注意事项等内容，具体如表3.6所示。

表3.6 急救药物的使用

症状	药物	药物浓度	给药剂量及途径	使用注意事项
心率骤停	高剂量肾上腺素	1 mg/mL (1:1000)	1 mg/kg IV/IO 0.02~0.1 mg/kg IT(稀释)	用于心脏复苏了10 min以上的动物
	低剂量肾上腺素	1 mg/mL (1:1000)	0.1 mg/kg IV/IO 0.2 mg/kg IT(稀释)	每隔一个BLS周期给予一次
	阿托品	0.54 mg/mL	0.04 mg/kg IV/IO 0.08 mg/kg IT	用于心动过缓的动物
	碳酸氢钠	1 mEq/mL	1 mEq/kg IV/IO	用于心脏复苏了10~15 min的动物 不能通过气管给药
室颤	胺碘酮	50 mg/mL	2.5~5 mg/kg IV/IO	用于不易除颤的心室颤动/无脉冲心室颤动，也可在没有除颤的情况下使用
	利多卡因	20 mg/mL	2 mg/kg IV/IO (在1~2 min内给完)	对于难治性心室颤动/无脉冲心室颤动，仅当胺碘酮不可用时使用

工作思考

心肺复苏
（微课）

急救的注意事项。
(1)进行心肺复苏前,应确认犬猫已经无意识、无呼吸、无脉搏。
(2)确认动物没有重大出血、骨折等情况,避免心肺复苏操作加重病情。
(3)确认动物气道畅通无异常之后,才能进行人工呼吸。
(4)动物心跳不一定和呼吸同时停止,呼吸停止后,心脏可能会继续跳动几分钟。

工作考核

真题训练

内容	完成次数及时间	指导老师	被考核人员	是否通过	考核人员
胸外按压					
气道支持					
人工呼吸					
血管通路建立					
心电图监测					
呼气末二氧化碳监测					
急救药物使用					

任务十二 心电图检查

工作目标

掌握心电图检查的适应症、流程,并能对异常心电图进行判断。

课程思政

主题:大国工匠。
内容:孙红梅——给飞机"心脏"做手术。

工作内容

进行心电图检查的目的包括诊断心律不齐、测定心搏数。该项检查对于心律不齐的诊断及心搏数的测定较准确,但不适用于心脏形态异常的检查。另外,查出异常后,不一定能及时得知病因。

一、心电图检查的适应症

心电图检查常被用于以下情况。
(1)在听诊中发现动物心律不齐、心脏有杂音。
(2)动物神志不清或者心脏病发作。
(3)动物药物中毒。
(4)动物电解质指标异常。
(5)动物发生交通事故。
(6)动物意识水平低下。
(7)为了监控动物的状态而需要进行连续性心电图监测。对于麻醉中的动物,心电图监测已成为必需的项目。

二、心电图检查的流程

心电图检查应按照以下步骤进行。
(1)准备物品:毛巾、酒精棉、心电图机。
(2)卸掉动物身上的项圈和金属制品,保定人员摘除金属制品(手表等)。
(3)保定动物:犬猫右侧卧,呼吸困难的犬俯卧。
(4)按要求连接心电图导线:导线通过动物双前肢肘后,双后肢膝前,注意夹子不可相互接触(夹子与动物皮肤用酒精棉润湿),不可晃动。
(5)点击开机(电源键),动物应保持平稳,应减少呼吸干扰。
(6)设置参数:走纸速度为 50 mm/s;敏感度设定为 1 mV 对应 10 mm。
(7)选择"自动模式",点击"开始"键,打印停止后,选择"节律模式",再点击"开始"键。
(8)检查打印出来的心电图纸,基线应稳定,QRS 波不应重叠(大小合适),P 波应可见。
(9)关机,轻柔撤下夹子,整理心电图导线并放回,令心电图机归位。将动物交还家长或继续进行下一步检查。
(10)填写心电图报告单,签字,与其他检查报告单一同交给主治医师。

三、仪器维护

(1)保持电量充足。
(2)保持图纸充足。

(3)导线和夹子应干净、干燥。

(4)定期清洁心电图机表面污渍。

四、心电图波形的参考范围

正常的心电图包含许多波形,不同的波形代表的意义不同。犬猫心电图波形参数的参考范围如表3.7和表3.8所示。

表3.7 犬心电图波形参数的参考范围(括号内的值对应大型犬)

项目	P波		P-R间隔	QRS波群		T波振幅
	持续时间	振幅		持续时间	(R波)振幅	
参考范围	≤0.04 s (≤0.05 s)	≤0.4 mV	0.06~0.13 s	≤0.05 s (≤0.06 s)	≤2.5 mV (≤3.0 mV)	R波振幅的1/4以内
心电图的小格数	2(2.5)小格以内	4小格以内	3~6.5小格以内	2.5(3)小格以内	25(30)小格以内	—

注:走纸速度为50 mm/s,敏感度为1 mV对应10 mm。

表3.8 猫心电图波形参数的参考范围

项目	P波		P-R间隔	QRS波群		T波振幅
	持续时间	振幅		持续时间	(R波)振幅	
参考范围	≤0.04 s	≤0.2 mV	0.05~0.09 s	≤0.04 s	≤0.9 mV	<0.3 mV
心电图的小格数	2小格以内	2小格以内	2.5~4.5小格以内	2小格以内	9小格以内	不足3小格

注:走纸速度为50 mm/s,敏感度为1 mV对应10 mm。

 工作思考

在对动物进行心电图检查时如何尽量避免误差?

(1)保持电压稳定,若交流电压不稳,则拔下交流电源,用内藏电池启动心电图机再行测试。在装电极的部位再次涂抹电极软膏及酒精。

(2)减少动物的晃动,避免电极接触到保定者。

 工作考核

内容	完成次数及时间	指导老师	被考核人员	是否通过	考核人员
心电图检查					

任务十三 雾 化

工作目标

掌握动物雾化的操作步骤,并熟悉机器的使用和保养方法。

课程思政

主题:四个自信。
内容:坚持人与自然和谐共生。自然是生命之母,人与自然是生命共同体,人类必须敬畏自然、尊重自然、顺应自然、保护自然。人类应爱护环境、保护自然环境,减少有毒有害气体的排放。

工作内容

雾化给药使用的仪器为超声波雾化器,其原理是通过电子振荡电路,由晶片产生超声波,通过介质(水)作用于药杯,使杯中的水溶液药物变成极其微小的雾粒,并经波纹管及面罩送入宠物鼻腔而发挥治疗作用。

雾化疗法是当前临床治疗犬猫呼吸道疾病的良好方法,其广泛应用于治疗上呼吸道感染、气管/支气管感染、肺部感染。该方法通过稀释痰液,可起到湿化气道、祛痰的作用。该方法能使药物直接作用于患病部位,见效快,能有效改善呼吸道症状,起到消炎、抗菌、止咳祛痰的功效。

一、操作步骤

雾化的具体操作步骤如下。
(1)打开雾化杯盖,遵照医嘱,将药物倒入雾化杯内,看好刻度,盖上雾化杯盖。
(2)通主机电源,打开电源开关。
(3)待主机正常工作1~2 min后,连接主机喷雾口与雾化杯间的连接管。
(4)遵照医嘱,进行雾化治疗。优先让动物使用面罩吸入药物,肺炎动物同时吸入纯氧,避免呼吸窘迫加重。动物抗拒面罩、咳嗽加重时,可使用头套式罩子接入雾化管和纯氧管,一来减少抗拒应激,二来避免动物血氧低、呼吸困难。
(5)若动物呼吸困难,务必令其及时吸氧,暂缓雾化操作。

二、使用后保养

雾化机应按照以下步骤进行保养。
(1)停机,拔下连接管。

(2)倒空雾化杯内残余药液。

(3)用纯净水冲洗雾化机,或者将雾化机浸没在温水中 15 min。注意,不可煮洗或沸水清洗,以防雾化机受热变形。

(4)清洗完毕后,晒干后再存放。

三、常用雾化药物

宠物常用的雾化药物的种类各异,使用方法不尽相同,具体情况如表3.9所示。

表3.9 常用雾化药物

药物	种类	适应症	物种	注释	剂量	剂量类型
沙丁胺醇	β_2-激动剂	支气管扩张	猫	非常规药物,需要时使用	1～2次喷雾	每次喷雾 90 μg(每罐药剂大约为200次喷雾)
氟替卡松	吸入式糖皮质激素	呼吸道炎症	猫	开始治疗时结合泼尼松龙使用,持续10～14天	110 μg,q12 h(可增加)	每次喷雾 44 μg、110 μg 或 220 μg(每罐药剂大约为120次喷雾)
			犬		110～440 μg,q12 h	

工作思考

动物雾化的注意事项。

(1)注意雾化药物的温度,最好接近正常体温。

(2)治疗过程中注意观察雾化罐内药物消耗情况,如药物消耗过快,应及时添加药物。

(3)水槽内蒸馏水及雾化罐内药液均不能过少,以免声头空载工作。

(4)治疗后要对呼吸罩和导气管做清洁消毒。

工作考核

真题训练

内容	完成次数及时间	指导老师	被考核人员	是否通过	考核人员
雾化					

任务十四 气管插管

工作目标

掌握气管插管和气囊的选择方法,并熟练掌握动物气管插管的操作步骤。

课程思政

主题:科学思维。

内容:明代很具代表性的科学著作——《外科正宗》。我国很早就记载有许多外科手术方法,如截肢、鼻息肉摘除、气管缝合、咽喉部异物剔除术等。

 工作内容

气管插管(简称插管)是指将一特制的气管内导管经声门置入气管,进而打开患宠呼吸道,为气道通畅、通气供氧、呼吸道吸引和防止误吸等提供最佳条件的过程(也指气管插管物体本身)。插管是实施危重病患抢救的一项重要技术,也是令动物吸入麻醉的基础操作。

一、器械的识别与使用

一般来说,气管插管是一次性使用的,但在宠物医疗方面,多将其消毒后置于气管插管架上供多次使用,如图3.5所示。

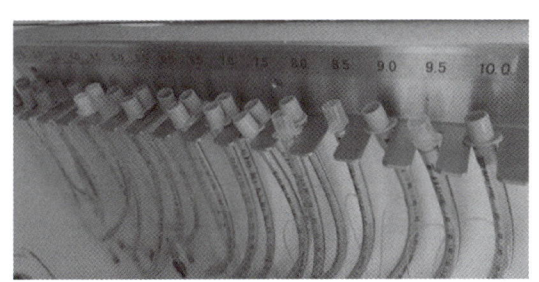

图 3.5　气管插管架

气管插管的结构简单,其由接头、导管、套囊(气囊)、测试球囊、充气连接管等部件组成,如图3.6所示。ID为插管内径(mm);OD为插管外径(mm)。借助刻度比对犬齿到肩胛骨中前缘(第二到第三肋间)的距离,拔掉接头,修剪插管为合适长度,重新连接接头即可,注意修剪的是接头端(不是尖端),如图3.7所示。

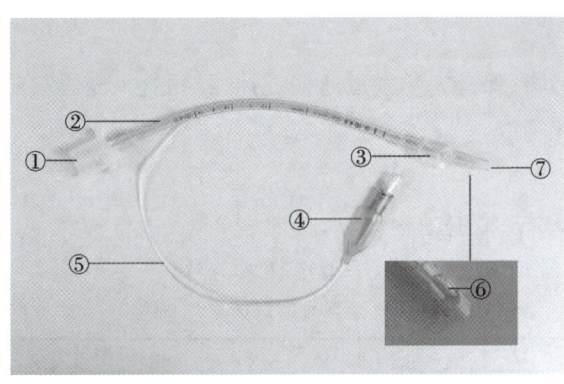

①接头
②导管
③套囊
④测试球囊
⑤充气连接管
⑥Murphy孔
⑦尖端

图 3.6　气管插管结构

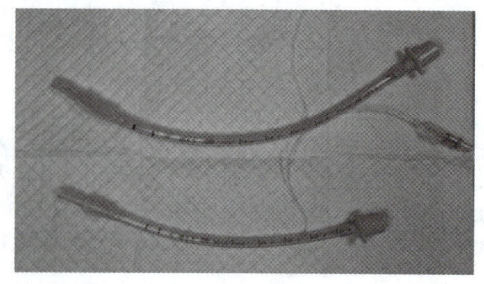

图 3.7　气管插管修剪

插入插管后进行充气使气囊充盈,囊内压应适当,囊内压过低会使插管不牢固(易滑脱),囊内压过高会损伤插管。

对于犬,气囊囊内压为 25 cmH_2O;对于猫,气囊囊内压为 20 cmH_2O。

建议使用气囊测压表测量囊内压。若无气囊测压表,也可以通过测试球囊判断套囊内充气是否合适,套囊内充气处于理想状态时,测试球囊应适度充盈,按捏测试球囊,弹性应适当,如图 3.8 所示。

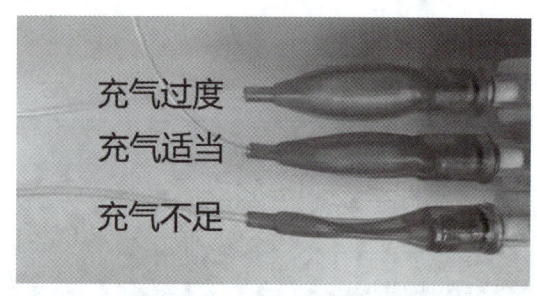

图 3.8　测试球囊充盈情况

每次使用插管前必须做气密性检查。可借助麻醉机进行气密性检查:关闭/堵住所有气体出口,快速充氧使气道压力指针达到 25~30 cmH_2O,持续 20 s,气道压力表下降 2 刻度以内表示气密性良好,反之则表示通路中存在漏气现象,需尽快排除故障。

也可令气囊完全充盈,挤压气囊,观察充盈度是否发生改变。

1.呼吸气囊的作用

用于观察宠物呼吸状况、进行人工正压通气。

2.气管插管的作用

用于输入氧气和麻醉药物、保持宠物气道通畅、防止异物进入宠物气道、进行人工正压通气。

3.气囊型号的选择

呼吸气囊的型号众多,建议根据动物体重,按照表 3.10 进行选择。处于临界值时,若动物较胖,一般选择小一号;若动物较瘦,一般选择大一号。

表 3.10　气囊型号的选择

体重/kg	型号(容量/L)
0~2.5	1/4

续表

体重/kg	型号(容量/L)
2.5~4.5	1/2
4.5~9	1
9~27.2	2
27.2~54.4	3
>54.4	5

4.气管插管型号的选择

原则上讲,应选择能顺利插入而不导致刺激或损伤的最大号插管。这里提供两种选择气管插管型号的方法。

方法一:参考动物的体重,结合临床工作中的实际情况,按表3.11选择。

表3.11 气管插管型号的选择

动物	体重/kg	内径/mm
猫	1~2	3
	2~4	4
	>4	4.5
犬	2.2~4	5
	4~7	6
	7~9	7
	9~12	7/8
	12~16	8
	16~18	9
	>18	10

方法二:将气管插管尖端抵于动物鼻中隔处,选择外径和动物鼻中隔宽度相当的气管插管。

除已选定型号外,再分别备用大一号和小一号的插管各一个(例:选定5 mm的插管,需备用4.5 mm及5.5 mm的插管)。

5.气管插管相关物品准备

3种不同型号的气管插管、咽喉镜(见图3.9)、利多卡因凝胶或喷雾、纱布块、气管插管保定绳、充盈气囊用的注射器(气囊测压表)、开口器(猫不建议使用)。

气管插管的养护:原则上气管插管为一次性使用用具,如循环使用,则应在每次使用后彻底冲洗其内壁上的杂物及黏液,然后使用氯己定或新洁尔灭浸泡消毒,消毒后再次冲洗干净,晾干,如插管韧性、颜色改变,或有其他问题,需及时更换新插管。

二、气管插管操作

(1)选择合适的气管插管。

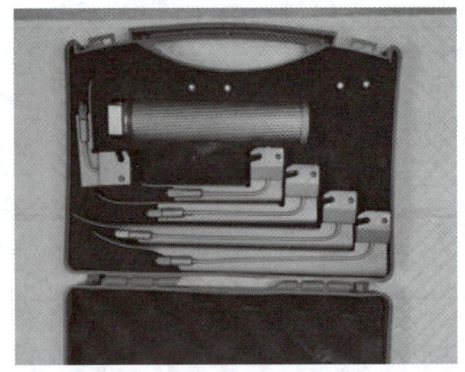

图 3.9　咽喉镜

(2)检查气管插管套囊是否漏气。
(3)修剪插管为合适长度。
(4)导管壁涂利多卡因凝胶(必要时可将利多卡因气雾剂喷于接头)。
(5)保持动物下颌与颈成一条直线,令动物开口,拽出其舌头。
(6)配合咽喉镜,将插管经动物声门插入气管。
(7)为套囊适度充气。
(8)确认插管正确插入。
(9)固定插管,连接麻醉机或急救设备。

三、气管插管并发症

(1)插管操作不规范,可致口腔、咽喉部黏膜损伤和出血。

(2)浅麻醉下行气管内插管可引起剧烈呛咳、喉头及支气管痉挛、心率增快及血压剧烈波动导致的心肌缺血。严重时,迷走神经反射可导致心律失常,甚至心跳骤停。预防方法有:适当加深麻醉,插管前行喉头和气管内表面麻醉,应配合使用麻醉性镇痛药或短效降压药等。

(3)气管插管内径过小,可使呼吸阻力增加;插管内径过大或质地过硬,容易损伤呼吸道黏膜,甚至引起急性喉头水肿或慢性肉芽肿;插管过软容易变形,易因压迫、扭折引起呼吸道梗阻。

(4)插管插入太深可能会误入一侧支气管,引起通气不足、缺氧或术后肺不张。插管插入太浅可能会意外脱出,导致严重意外发生。因此,插管后及改变体位时应仔细检查插管插入深度,并常规听诊两肺的呼吸音。

工作思考

动物气管插管的注意事项有哪些?
(1)每次使用插管前必须做气密性检查。
(2)临床上,插管后必须确认:①插管已插入气管内;②插管插入深度合适;③气道密闭。

工作考核

内容	完成次数及时间	指导老师	被考核人员	是否通过	考核人员
气管插管					

真题训练

任务十五 补 液 技 术

 工作目标

掌握进行补液时液体的选择方法及补液途径,并能熟练计算补液量。

 课程思政

主题:科学思维。

内容:临床医学的一个基本原则是"能吃药不打针,能打针不输液",合理用药包含安全、有效、经济、适当这4个基本要素。

 工作内容

水、电解质和酸碱紊乱是动物的临床常发情况,通过输液治疗可以挽救动物的生命。

一、适应症

纠正因体液过度丢失或摄入不足造成的失调(出血、呕吐、腹泻、多尿、休克),纠正电解质失调,纠正酸碱比率失调,纠正血液渗透压失调,补充血液成分,补充能量和营养物质。

二、水分的丢失途径

正常动物的水分丢失途径分为不可感觉的丢失和可感觉的丢失。
(1)不可感觉的丢失。
不可感觉的丢失指不易察觉的水分丢失,其途径包括呼吸和出汗。
(2)可感觉的丢失。
可感觉的丢失指可察觉到的且可判断量的水分丢失,包括尿液和胃肠道水分丢失。

胃肠道失水可忽略不计,但发生呕吐或腹泻时水分丢失显著。尿液和胃肠道失水一般伴随电解质的丢失。

(3)正常犬水分的丢失量(按体重)。

呼吸为20～30 mL/(kg·d);尿液为20～30 mL/(kg·d);合计为40～60 mL/(kg·d)。

将不可感觉失水量和可感觉失水量相加,一只健康动物一天的失水量为40～60 mL/(kg·d)。

动物需要的液体20%由体内代谢生成;其余的80%必须通过食物或水获得。

罐装食品含水量为70%,因此,动物食用罐装食品时不需饮用大量的水。

三、脱水程度的评价

可以根据病史,通过临床检查和实验室检查来进行脱水程度的评价。

(1)病史。看动物有无呕吐、腹泻、多尿病史。

(2)临床检查。检查动物皮肤弹性,口腔湿润情况,毛细血管再充盈时间,眼窝是否凹陷等。

(3)实验室检查。动物脱水时,其一些实验室检查指标(红细胞压积(PCV)、总蛋白(TP)、尿比重(USG)、尿素氮(BUN))将发生改变。

四、液体选择

补液常用的液体有晶体液和胶体液。

1.晶体液

常见晶体液如表3.12所示。它们通过静脉注入血管内空间,能够扩散并补充细胞间质液,也可以扩散补充细胞内液。前期,晶体液可快速扩大血管内空间,之后它们会进入间质液重新分布,再进一步进入细胞内液。

表3.12 常见晶体液

晶体液	适应症
乳酸林格氏液	腹泻/代谢性酸中毒
林格氏液	严重呕吐/子宫积脓/严重出血/重度低血容量
5%的葡萄糖	脱水
0.9%的氯化钠	呕吐/代谢性碱中毒/尿路梗阻
高渗葡萄糖	脱水

(1)乳酸林格氏液。

乳酸林格氏液是临床最常用的晶体液之一,它的渗透压浓度与细胞外液的相当,因此,其被认为是等渗溶液。大多数的商品性乳酸林格氏液为人用的,因此,乳酸林格氏液的渗透压浓度稍微低于犬猫细胞外液/血浆的渗透压浓度。乳酸林格氏液的Na^+、Cl^-和K^+浓度也与细胞外液的相似。乳酸林格氏液含有乳酸,乳酸在肝脏内可代谢为碳酸氢盐。因此,乳酸林格氏液常被用于动物代谢性酸中毒。

(2)林格氏液。

林格氏液不含乳酸。与乳酸林格氏液相比,它含有高浓度的Cl^-。林格氏液被认为有酸化作用,这种酸化作用不会造成代谢性酸中毒,但有助于改善代谢性碱中毒患宠的酸碱平衡。多数犬猫发生呕吐时,呕吐物为胃内容物时,呕吐物含有盐酸,呕吐物为十二指肠内容物时,呕吐物含有碳酸氢盐,此时动物体内的酸碱比率正常。动物幽门阻塞时,呕吐物可能主要是胃内容物(而不含十二指肠内容物),这样就会导致动物丢失大量的酸,发生碱中毒。

(3)5%的葡萄糖。

5%的葡萄糖相对于细胞外液为低渗性溶液。它只含葡萄糖,不含电解质。5%的葡萄糖是维持液的一种成分。当动物不耐受钠时,如有心脏疾病时,可以单独使用5%的葡萄糖来补充水分。一般地,5%的葡萄糖会与乳酸林格氏液或氯化钠(溶液)配合使用。

(4)0.9%的氯化钠(溶液)。

0.9%的氯化钠是等渗液,它只含有钠和氯。氯化钠用于血钠减少时(如埃迪森氏综合症)。因为0.9%的氯化钠的含钠量比乳酸林格氏液的高,因此,当患宠血钾或血钙升高时,可以使用0.9%的氯化钠进行补液。

(5)高渗葡萄糖。

高渗葡萄糖由多种浓度的葡萄糖液构成,其渗透压浓度远高于细胞外液的。高渗葡萄糖主要用作全静脉营养(全胃肠外营养)的能量来源。此外,其还有利尿的作用,用于治疗少尿性急性肾衰竭。其要通过大血管(如颈静脉)输注,大血管内血流快且大血管能稀释输入的高渗液,减少高渗液对血管内壁的刺激作用。

2.胶体液

胶体液是一种大分子,它能增加血浆的胶体渗透压,使液体停留在血管内并增加血管体积,其用法用量见表3.13。

表3.13 胶体液的用法用量

种类	作用时间	用法用量
白蛋白	8~12 h	初始蓄积量:4 mL/kg 维持量:2 mL/(kg·d)
右旋糖苷	1~3 h	初始蓄积量:5~10 mL/kg 维持量:10 mL/(kg·d)
6%的羟乙基淀粉	6~12 h	初始蓄积量:5~10 mL/kg 维持量:10~20 mL/(kg·d)
10%的羟乙基淀粉	4~6 h	初始蓄积量:5~10 mL/kg 维持量:10~20 mL/(kg·d)

(1)白蛋白。

血液循环系统中的白蛋白可以维持胶体的膨胀,以调节血管内晶体溶液的浓度。如果血液中的蛋白质(尤其是白蛋白)减少,那么进行晶体溶液疗法将导致血液循环系统中的晶体流到血管外,加重患宠腹腔积液严重程度和浮肿程度。含有大分子量微粒的溶液(胶体溶液)可长期存在于血管内,且会促进腹腔内或皮下的液体进入血管。

(2)右旋糖酐。

右旋糖酐是一种胶体溶液,它属于复合糖类。右旋糖酐可以被机体清除,其在体内的存在时间为数小时至数日。右旋糖酐可以影响机体血小板和凝血因子的功能,不适用于那些存在凝血机能障碍的动物。

(3)羟乙基淀粉。

羟乙基淀粉是现在临床上广泛使用的人工合成胶体液,同时也是一种天然多糖。天然淀粉不能被用作血浆代用品,因为天然淀粉性质不稳定且易被内源性淀粉酶水解。羟乙基淀粉可起到维持血液渗透压的作用。

五、补液量计算

(1)根据灌注参数评估患者是否存在低血容量情况及低血容量程度。

如存在低血容量情况,则按照表3.14给予快速补液。

表3.14 不同程度低血容量补液量参考

程度	补液量(犬)	补液量(猫)
轻度低血容量	10~20 mL/kg	5~7 mL/kg
中度低血容量	30~50 mL/kg	10~20 mL/kg
重度低血容量	60~90 mL/kg	40~60 mL/kg

快速补液应根据情况在15~60 min内完成,然后重新评估灌注参数。如果灌注参数恢复正常,则进行下一步;如果灌注参数没有恢复正常,则重复进行补液。

在进行液体治疗之前,应评估动物是否有以下禁忌症。

①动物患心脏病、呼吸系统疾病,或脑损伤、肾功能衰竭时,需要慎重进行激进的液体治疗。

②猫对容量过载的耐受性较差,输液速率应降低1/3~1/2。

③在动物内部出血不受控制的情况下(如脾脏破裂、肝裂伤),慎重恢复低血容量。

④等渗置换晶体通常是低血容量动物液体复苏的首选。

⑤胶体对血管的作用时间较长,通常结合使用晶体和胶体来进行血管扩张,持续时间较长。

⑥对于严重低血容量性休克的患宠,应考虑使用高渗盐水。

(2)低血容量纠正后,对患宠进行脱水评估。

动物脱水量(mL)使用下面公式计算:

$$脱水量 = 脱水率(\%) \times 体重 \times 10^3$$

根据患宠的体况和脱水程度,在4~48 h内为其补完液体。

(3)如果动物出现持续性损失(如呕吐、腹泻等),则必须将额外流失量添加到整体补液量中,并在4~48 h内将液体逐渐补给患宠。也可通过快速注射进行更快的补给。

(4)最后计算患宠每日维持量。

对于体重为2~40 kg的患宠,每日维持量(mL) = 体重 × 30 + 70;对于大于40 kg或小于2 kg的患宠,每日维持量 = 体重$^{0.75}$ × 70。

需对患宠每天进行一次评估。对于重病患宠,需要更频繁的评估。

六、补液途径

1. 肠道给液

尽管肠道给液不是经典的补液途径,但这种方法是那些患有肝性脑病动物进行给药的首选途径。通过直肠给予乳果糖和新霉素后,动物机体对氨的吸收减少,同时代谢产生的氨减少,而血氨升高是肝性脑病的典型症状之一。

2. 皮下输液

皮下输入液体时,要保证无菌操作,且液体的渗透压要与细胞外液的相近,通常使用18~22号针头。每个穿刺点输入液体量为10~20 mL/kg。理论上,进行皮下输液时应避免使用含有葡萄糖的溶液,一旦使用这种液体,皮肤就会浮肿,而一些细菌就会进入皮下输液的液体。皮下组织对液体的吸收相对较慢,一般为6~8 h。如果动物发生严重的脱水,皮下组织的血液会分流进入重要的组织器官,液体的吸收时间将会更长。皮下输液适用于动物的轻度脱水。

3. 腹腔输液

采用腹腔输液方式可以输入无菌等渗的液体,如全血,此方式下,动物吸收得非常快。腹腔输液可用于新生动物,新生动物太小,通常不能进行静脉穿刺或放置静脉内套针。这种给药途径有损伤器官的危险。如果细菌进入腹膜腔会导致严重的腹膜炎,而且较难治疗。

4. 静脉输液

静脉输液必须保证无菌操作,因此,静脉给药的成本较高。静脉输液的优点为药物可立即起效,可实现精准给药。输液过程中必须密切监视动物,以免液体过剩。输液器被污染可导致全身性并发症。

5. 骨内补液

对于新生动物,首选的补液方式是骨内补液。一般选择在肱骨或股骨的邻近骨干处补液。新生动物的骨骼较软,可以在股骨或肱骨处放置一皮下注射针。对于发育成熟的动物,也可以使用髓内给药途径,但要使用特殊的骨髓针。骨髓腔内的药物和液体吸收速度非常快,这是因为骨髓腔是由纤维性的骨松质和骨髓构成的,其内散有大量的静脉窦。

6. 口服补液

此方式简单易行,费用低,家长可以在家里为动物补液。该方式可防止药物进入气管,引起异物性肺炎。注意不要过量补液。

犬的最大胃容量为90 mL/kg,猫的最大胃容量见表3.15。

表3.15 猫的最大胃容量

体重/kg	最大胃容量/(mL/kg)
0.5~1	100
1~1.5	70
1.5~4	60
4~6	45

工作思考

补液技术的监护内容。

(1)对厌食动物进行补液可以令其体重渐渐减轻。如果动物不发生体重渐减,那么说明动物补液过多。

(2)心率增快说明机体补液不足。呼吸频率增快说明补液过量,可能发展为肺水肿。

(3)检测红细胞压积和总蛋白可以用于判断是否补液过多或动物是否脱水。

(4)动物进行补液时,排尿量应稍大于正常时的排尿量。如果排尿量显著增多,那么可能是输液量过剩造成的;如果排尿量低于正常值,那么可能动物已脱水,需要继续补液,或是动物患有少尿性急性肾功能衰竭疾病。

静脉注射
(微课)

(5)进行补液时,如果动物的尿比重显著降低,那么动物有可能补液过量。

 **工作考核**

内容	完成次数及时间	指导老师	被考核人员	是否通过	考核人员
液体选择					
补液量计算					
补液途径					

真题训练

任务十六 输 血

 工作目标

掌握动物输血的适应症,掌握交叉配型的步骤,并能进行输血量的计算,掌握输血注意事项。

 课程思政

主题:社会主义核心价值观。

内容:产妇羊水栓塞急需输血,济南千人排队献血。

工作内容

输血疗法是用于抢救犬猫的有效措施之一,目前已广泛用于动物临床治疗。输血能补偿病犬、病猫体内丧失的血液,同时激发动物体内的凝血过程,具有止血作用。此外,血液的输入能使动物血压升高,新陈代谢更旺盛,内分泌活动增强,血液内激素含量增高,血液中的毒素被红细胞吸附而失去毒性,动物全身抵抗力增强。

一、适应症

(1)贫血。对于犬,HCT 或 PCV 小于 20%;对于猫,HCT 或 PCV 小于 15%。

(2)低蛋白血症。当 TP 低于 3.5 g/dL(35 g/L),或白蛋白低于 1.5 g/dL(15 g/L)的时候,就要考虑输蛋白质或输血。

(3)DIC/低血容量等。

二、交叉配型

为犬猫输血前最好进行交叉配型试验。

(1)对于犬,一般来说,第一次接受血液时,大部分犬都不会有抗原抗体反应,也就是说,大部分犬都不会排斥。但是第二次再输血的时候,有 15% 的犬会发生不正常的免疫反应,包括休克、气管痉挛、缺氧等。

犬有 8 种血型,分别为 DEA1.1,DEA1.2,DEA3,DEA4,DEA5,DEA6,DEA7 和 DEA8。易产生排斥反应的是 DEA1.1、DEA1.2 与 DEA7。临床上,犬进行血型鉴别成本很高,并不常用。

(2)对于猫,第一次输血时,大概有 19% 的猫会有不正常的反应;再次输血时,大概有 37.5% 的猫会有不正常的反应。猫一般来说有三种血型,A 型、B 型和 AB 型,易产生排斥反应的主要是 A 型与 B 型。

(3)交叉配型的步骤。

①采集受血者与供血者的血液(不加抗凝剂),取两者血清分装。

②采集受血者与供血者的血液(不加抗凝剂),离心,弃上清液,加入剩余量的 3~4 倍的生理盐水,混匀,离心,反复此操作 3~4 次,以清洗红细胞表面的抗体。获得干净的红细胞后,用生理盐水稀释为 2% 的红细胞悬浮液。

③主侧配血试验。准备一块载玻片,先放一滴受血者的血清,然后再加上一滴供血者的红细胞悬浮液,把它们混合均匀,然后在显微镜下看(或用肉眼观察)是否发生凝集反应。如有凝集反应,绝对不能输血,易发生 DIC。

④副侧配血试验。准备一块载玻片,先放一滴供血者的血清,然后再加上一滴受血者的红细胞悬浮液,把它们混合均匀,然后在显微镜下看是否发生凝集反应。如有凝集反应,慎重输血,可应急,但不是最优选择。

三、输血

(1)输血量的计算。

犬:输血的量(mL)=[受血犬的体重×(受血犬的 PCV 期望值-受血犬现在的 PCV))/供血犬的 PCV]×90。

猫:输血的量(mL)=[受血猫的体重×(受血猫的 PCV 期望值-受血猫现在的 PCV)/供血猫的 PCV]×70。

(2)输血前 20 min 可为动物注射抗组胺或类固醇药物:地塞米松 0.3 mg/kg;泼尼松

龙 2.2 mg/kg；苯海拉明 1～2 mg/kg。

输血初期以 0.25 mL/(kg·h)的速度给药 15 min；然后在 2～4 h 内增加到 20 mL/(kg·h)。

输血期间必须密切监测患宠。如果怀疑产生输血反应，应立即停止输血，并征求兽医的建议。输血反应最有可能发生在患宠接受血液的第一个小时内。

(3)注意事项。

①输血中的一切操作均应为无菌操作。

②采血时，应注意抗凝剂的用量，将血采入瓶中后，应充分混匀，以防出现血凝块；摇晃时要轻，以免破坏血球和产生气泡。在输血过程中，严防空气进入血管。

③输血时，密切注意动物的表现，出现异常反应，应立即停止输血。

④用枸橼酸钠作抗凝剂进行输血后，应立即补充钙制剂。

⑤严重溶血的血液，不宜应用，应废弃。

 工作思考

输血反应有哪些？紧急处理方式有哪些？

在输血过程中应注意是否产生溶血反应、致热原反应、过敏反应等输血反应，出现反应，可按以下方法紧急处理。

犬猫输血技术(微课)

(1)减慢输血速度或中止输血。

(2)轻者：使用苯海拉明或异丙嗪。

(3)较重者：静脉注射氢化可的松 100 mg。

(4)紧急者：皮下注射或静脉注射肾上腺素 0.5～1 mL。

(5)会厌水肿危及生命时，立即行喉插管术、气管插管术等。

 工作考核

真题训练

内容	完成次数及时间	指导老师	被考核人员	是否通过	考核人员
输血					

工作岗位四　化　验　室

化验有很多种方法,一般情况下,大多数化验工作都在询问病史和进行临床检查后进行。医院化验水平的不断提高与技术手段的不断进步,令化验结果有助于疾病的诊断、预后及治疗。

化验室岗位管理制度与职责

(1)维持化验室整洁,及时消毒。
(2)离开化验室时要将门锁好。
(3)用品专人专管,没有得到允许不能随意搬动化验室内的任何东西。
(4)化验室人员不得随意离开工作岗位,若有事离开,应找人临时看管,或将化验室关闭。
(5)化验室人员不得随意接触患宠。
(6)定期清洁机器,检查机器是否正常,若有异常,应该及时汇报并处理。
(7)定期清查化验室的用品,若有缺少应及时制定清单并汇报。
(8)对做检查的动物都做好标记,标记内容包括动物姓名、检查时间。在做血常规的同时应制作血涂片,看两结果是否一致,或有无新的发现。
(9)化验室门前不应放置患宠。
(10)化验室人员应熟悉每种仪器的操作方法,若发生意外应及时处理。
(11)化验室人员在下班时要将所有仪器关闭后才能拔电,特殊仪器要用防尘布盖好,并将垃圾处理掉。

任务一　血气检查

工作目标

掌握动物血气各指标的意义,并能对血气各指标进行正确分析。

课程思政

主题：职业道德。
内容：动物检疫检验员职业守则。

工作内容

血气检查是指用血气分析仪测定血液参数。血气分析仪可直接测定的指标有pH、$PaCO_2$和PaO_2，分别由pH电极、二氧化碳电极和氧电极完成，其他指标多为派生值或计算值。

一、血气各指标解析

（1）PaO_2（以mmHg或kPa为单位）是肺向血液输送氧气能力的准确反映。低PaO_2代表低血氧饱和度，可能引起过度换气。

（2）$PaCO_2$（以mmHg或kPa为单位）用于表示肺泡通气的有效性。肺泡通气决定了$PaCO_2$，过度换气会导致$PaCO_2$降低（低碳酸血症），而低通气会使$PaCO_2$增加（高碳酸血症）。

（3）HCO_3^-可以在静脉或动脉样本中被精确测量。HCO_3^-增加会导致代谢性碱中毒，而HCO_3^-异常降低则会导致原发代谢性酸中毒。

二、血气分析

（1）检查PaO_2，确定患宠是否低氧，必要时给予氧气。

（2）检查pH，如果pH<7.35，则患宠存在酸血症；如果pH>7.45，则患宠存在碱血症。

（3）检查$PaCO_2$，若数值异常，则患宠存在呼吸系统疾病（可能是原发性的或继发性/代偿性的）。$PaCO_2$升高会导致呼吸性酸中毒，$PaCO_2$降低会导致呼吸性碱中毒。

（4）检查HCO_3^-，若数值异常，则患宠存在代谢异常。数值高，则患宠存在代谢性碱中毒；数值低，则患宠存在代谢性酸中毒。

（5）无论代偿反应如何补偿纠正pH，pH永远不会被补偿（纠正）到正常值，也不会发生过度补偿。血气参考范围如表4.1所示。

表4.1 血气参考范围

指标	血气参考范围（犬）	血气参考范围（猫）
pH	7.31～7.42	7.24～7.40
$PaCO_2$/mmHg	32～49	34～38
Na^+/(mmol/L)	144～160	150～165
K^+/(mmol/L)	3.5～5.8	3.5～5.8
Cl^-/(mmol/L)	109～122	112～129
HCO_3^-/(mmol/L)	20.0～29.0	22～24

工作思考

抗凝剂的选用。
(1)在血液检查(CBC)、输血配型检查时使用乙二胺四乙酸盐。
(2)在血液生化检查、血气项目检查中使用肝素锂。
(3)枸橼酸钠(浓度为3.8%)用于血液凝固项目的检查。

工作考核

内容	完成次数及时间	指导老师	被考核人员	是否通过	考核人员
血气检查					

真题训练

任务二　电解质检查

工作目标

掌握动物电解质的分布与功能,并能对电解质紊乱进行纠正。

课程思政

主题:科学思维。
内容:患宠血液的电解质检查与分析。

工作内容

电解质指的是身体里含有的很多离子,如钠离子、钾离子、氯离子、钙离子、镁离子、磷离子等,这些重要的离子在动物机体中发挥着各种各样的生物学效应,是动物身体所必需的物质。

一、电解质的分布及功能

(1)细胞外阳离子主要为Na^+,细胞内阳离子主要为K^+和Mg^{2+}。
(2)细胞外阴离子主要为Cl^-和HCO_3^-,细胞内阴离子主要为磷酸盐和蛋白质(带负电)。
(3)K^+负责维持细胞的功能;Mg^{2+}负责维持肌肉的功能。

(4)Ca^{2+}负责维持神经、肌肉和心脏的功能,它也有助于血液凝结和骨骼形成。

二、电解质

1. 钠离子

Na^+主要是一种细胞外阳离子,其占体内钠元素总量的10%;血清内Na^+浓度的增加或减少在多数情况下反映的是患者的水合状态,而不是全身Na^+浓度的绝对增加或减少。因此,当需要评估血清内Na^+浓度时,评估患者的体液状态是很重要的。当血浆内Na^+浓度增加或减少时,会改变血液的渗透压,从而分别触发口渴机制或抗利尿激素(加压素)释放。此时,水被摄入或排出,从而使身体的Na^+浓度恢复正常。

(1)低钠血症。

低钠血症,又称低钠血。引发低钠血症的可能原因有:患胃肠疾病、患肾病、服用利尿剂、多饮、ADH 释放异常、出现充血性心力衰竭、甲状腺功能减退、被烧伤、组织被损伤等。

临床症状:低血压、休克、呕吐、厌食、腹痛、功能性肠梗阻、意识水平改变、癫痫等。

治疗注意事项如下。

①给药速率应使血浆内的Na^+浓度增加速度小于 0.5 mEq/(L·h)。如果钠的注射速度过快,可能引发中枢脑桥髓鞘溶解。

②Na^+补充量可用以下公式估算:

(正常血浆 Na^+ 含量－测量血浆 Na^+ 含量)×0.6×体重

③0.9%的 NaCl 溶液通常足以用于纠正低钠血症,高渗盐水通常用于严重低钠血症(<110 mEq/L)。

(2)高钠血症。

患高钠血症时,动物体内血钠高于正常值上限,低血容量性高钠血症、正常血容量性高钠血症和高血容量性高钠血症的临床症状各有不同,如表 4.2 所示。

表 4.2 高钠血症

高钠血症分类	症状
低血容量性高钠血症	呕吐、腹泻、失禁、低血糖、过度换气、尿路阻塞、肾病、第三间隙积液流失
正常血容量性高钠血症	尿崩症、医源性高钠血症、低血糖
高血容量性高钠血症	醛固酮增多症、皮质机能亢进症

治疗注意事项如下。

①最大矫正速率为 0.5 mEq/(kg·h),速度过快可导致脑水肿。

②如果患病宠物是低血容量的,可先用等渗液、乳酸林格氏液或 0.9%的 NaCl 纠正脱水情况,然后用低渗液(0.45%的 NaCl 溶液)治疗。

③每 2~4 h 评估一次钠含量。

④严重的高钠血症应在 2~3 天内以 0.5 mEq/(kg·h)或 10~12 mLq/d 的速度纠正。

2. 钾离子

(1)低钾血症。

低钾血症在危重患宠中很常见,这可能是由损失过度(患肾脏疾病、多尿、呕吐或腹泻)、摄入减少(患厌食症、缺钾液)等导致的。

临床症状:肌肉无力、嗜睡、呕吐、厌食性心律失常、呼吸困难(严重低钾血症的呼吸麻痹)、功能性肠梗阻等。

治疗注意事项如下。

①口服钾补充剂,最初可服用 1 mg/kg,然后每 12 h 服用 0.5 mg/kg。

②可以将 K^+ 添加到皮下输液药物中。但当浓度大于 30 mEq/L 时,药物对组织有刺激性。

③对于厌食动物,输液时添加 KCl 的浓度为 14~20 mEq/L。

④对于低钾血症,输液时添加 KCl 的浓度和最大速率如表 4.3 所示。

表 4.3 补钾浓度和最大速率

血清中的 K^+ 浓度/(mEq/L)	浓度/(mEq/L)	最大速率/(mL/(kg·h))
<2.0	20	6
2.0~2.5	15	8
2.5~3.0	10	12
3.0~3.5	7	16

(2)高钾血症。

高钾血症的临床症状与由于膜的高极化而引起的骨骼肌、心脏肌和胃肠肌的无力有关。当 K^+ 浓度超过 7.5 mEq/L 时,心脏毒性效应变得明显。

引发高钾血症的可能原因有:肾功能衰竭、尿道梗阻、患艾迪森病、组织损伤、膀胱或尿道破裂等。

临床症状:心律失常、肌无力、组织灌注减少等。

治疗注意事项如下。

①常规胰岛素(0.5 iu/kg)可诱导 K^+ 向细胞转运,静脉注射胰岛素后,立即注射2.5%的葡萄糖。

②葡萄糖酸钙(10%,缓慢静脉注射 0.5~1.0 mL/kg)可用于治疗危及生命的心律失常。

③碳酸氢钠(1~2 mEq/kg)可缓慢地将 K^+ 转运到细胞中,但对于有可能患低钙血症的患宠,应避免使用。

3. 钙离子

(1)低钙血症。

引发低钙血症的可能原因有:患低蛋白血症、缺乏维生素 D(胃肠道吸收不良)、甲状旁腺机能减退、产后子痫、患急性胰腺炎、枸橼酸中毒等。

临床症状:抽搐、虚弱、共济失调、厌食、呕吐、心律失常、喘息性肌肉震颤等。

治疗注意事项如下。

最初治疗时,可给予 10%的葡萄糖酸钙(稀释至 9.2 mg/mL),通过缓慢静脉注射(1.0~1.5 mL/kg)控制症状。急性症状缓解后,可每 8 h 缓慢推注一次 10%的葡萄糖酸钙(用生理盐水 1∶1 稀释),直到患宠可开始口服补充剂。

(2)高钙血症。

引发高钙血症的可能原因有:肿瘤(特别是淋巴肉瘤)、肛囊腺癌、多发性骨髓瘤、转移性骨肿瘤、原发性甲状旁腺功能亢进、急性或慢性肾功能衰竭、肾上腺皮质功能减退等。

临床症状:肾功能衰竭、神经肌肉和心血管系统异常、厌食、嗜睡、消化道溃疡、呕吐、肌肉无力、心律失常等。

治疗注意事项如下。

①注意找根本原因。

②输液促进尿钙排泄;使用呋塞米(每 8～12 h 使用一次,2～4 mg/kg)。

4. 镁离子

大约 99% 的 Mg^{2+} 都在细胞内,只有 1% 的 Mg^{2+} 在血清中,因此,血清 Mg^{2+} 水平不能准确反映动物体内的 Mg^{2+} 含量。

(1)低镁血症。

引发低镁血症的可能原因有:腹泻、肾损伤等。

临床症状:虚弱、抽搐、共济失调、反射亢进、癫痫、昏迷、心律失常、高血压等。

治疗注意事项如下。

①在 5% 的地塞米松溶液中加入 Mg^{2+}($MgCl_2$,$MgSO_4$),静脉注射 24～48 h。

②对于心律失常的危重患宠,在 5～15 min 内静脉注射 Mg^{2+}(0.15～0.3 mEq/kg)。

(2)高镁血症。

引发高镁血症的可能原因有:急性肾功能衰竭、使用了含 Mg^{2+} 的泻药等。

临床症状:食欲不振、恶心、呕吐、头痛、头晕等。

治疗注意事项如下。

①停止外源性 Mg^{2+} 给药。

②使用利尿剂。

③每 12 h 使用一次呋塞米(1～2 mg/kg),以促进利尿。注意小心使用,否则会导致脱水,从而影响 Mg^{2+} 的排泄。

三、酸碱值纠正

1. 代谢性酸中毒

静脉注射碳酸氢钠(仅当 pH<7.05 时使用),碳酸氢钠的经验剂量为 0.5～1 mg/kg。

精确给药量为体重×0.3×BE。

在 5～10 min 内静脉注射 1/4 的碳酸氢盐,然后重新检查患者的 pH 值,如果 pH 值恢复到可接受的范围(>7.2),则停止注射并继续治疗电解质紊乱。

2. 呼吸性酸中毒

治疗方案取决于病因和疾病严重程度。对于急性严重呼吸性酸中毒,通常需要插管和正压通气。

3. 代谢性碱中毒

通过给药纠正严重的代谢性碱血症是非常罕见的,一般动物在使用 0.9% 的生理盐水后,症状就会有所缓解。

4. 呼吸性碱中毒

呼吸性碱中毒是过度通气的结果,最常见的症状是身体疼痛、发烧和焦虑。应根据病因进行治疗。

工作思考

犬猫电解质、血气参考范围,如表4.4所示。

表4.4 犬猫电解质、血气参考范围

项目	参考范围(犬)	参考范围(猫)
血糖(Glu)/(mg/dL)	60~115	60~130
尿素氮(BUN)/(mg/dL)	10~26	15~35
Na^+浓度/(mmol/L)	142~150	147~162
K^+浓度/(mmol/L)	3.4~4.9	2.9~4.2
Cl^-浓度/(mmol/L)	106~127	112~129
二氧化碳总量(TCO_2)/(mmol/L)	17~25	10~27
阴离子间隙(AG)/(mmol/L)	8~25	8~25
红细胞比容(HCT)/(%)	35~50	24~40
血红蛋白(Hb)/(g/dL)	12~17	8~13
酸碱度(pH)	7.350~7.450	7.250~7.400
二氧化碳分压($PaCO_2$)/mmHg	35.0~38.0	33.0~51.0
HCO_3^-浓度/(mmol/L)	15~23	13~25

工作考核

内容	完成次数及时间	指导老师	被考核人员	是否通过	考核人员
电解质检查					

真题训练

任务三 血涂片与判读

工作目标

掌握血涂片的操作方法并能正确判读。

主题:科学思维。
内容:读懂血常规报告单。

血涂片(简称血片)的显微镜检查是血液细胞学检查的基本方法,应用范围极广,其对各种血液病的诊断有很大价值。

一、血涂片技术

(1)取一个洁净的载玻片,放于白色台面上,在载玻片一端贴上标签以方便识别样品。

(2)将血液吸入毛细管,在载玻片右侧边缘约 1 cm 处放置一小滴血液。

(3)两只手手肘应放于台面上以保持稳定,将推片放在血滴稍偏左的位置,使推片与载玻片的短边平行。

(4)用推片以 70°将血滴向右推开,较小的角度会导致涂片较厚,而较大的角度会导致涂片较薄,推片的速度越快,涂片越薄越均匀。理想的血涂片的起始部分处的红细胞应该略微重叠,在尾部变得分离,整个涂片应占载玻片的 2/3。

(5)血涂片应在不加热的情况下慢慢干燥。

二、染色

自然风干血涂片,采用罗曼诺夫斯基染色法。依次将血涂片浸没于 A 液中 20 s,B 液中 10 s,C 液中 10 s,然后将涂片浸没于清水中去除残留染液,自然晾干。

三、判读

将涂片置于显微镜下镜检,依次从低倍镜切换至高倍镜,最后切换至油镜,以"弓"字顺序对单层细胞进行观察计数。

(1)红细胞。

在常规化验中,红细胞英文缩写为 RBC,其是血液中含量最多的一类血细胞,同时也是脊椎动物运送氧气的最主要媒介,其形态如图 4.1 所示。

(2)中性粒细胞(正常成熟分叶)。

染色质浓密并呈深紫色,细胞质呈淡粉色或浅蓝色,颗粒隐约可见,形态如图 4.2 所示。

(3)中性粒细胞(未成熟杆状)。

细胞核多呈 C 形、U 形、S 形,细胞核末端为钝圆状,如图 4.3 所示。

(4)淋巴细胞。

直径为 9~12 μm,细胞核呈圆形并偏于一侧,染色质成块,细胞质被染成淡蓝色,淋巴细胞的形态如图 4.4 所示。

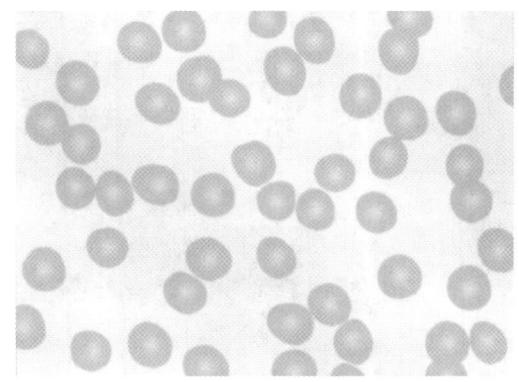

图 4.1 红细胞

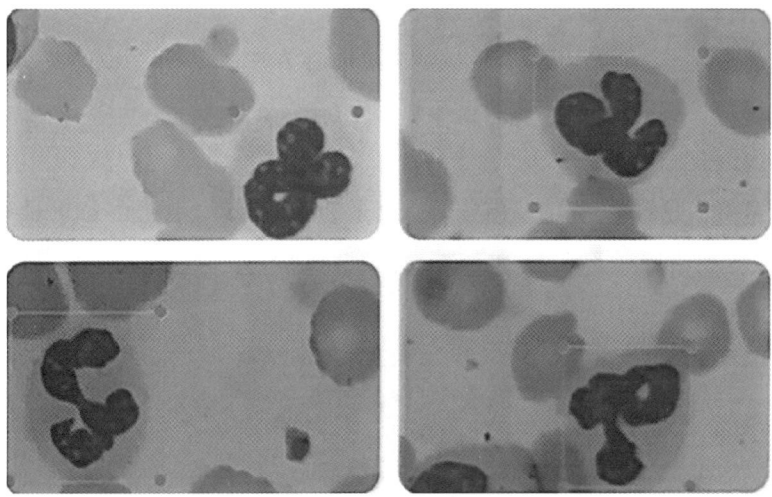

图 4.2 中性粒细胞（正常成熟分叶）

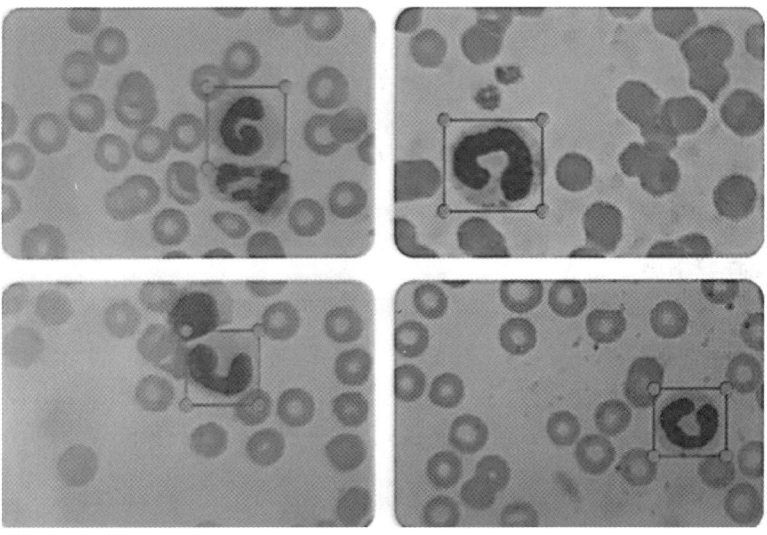

图 4.3 中性粒细胞（未成熟杆状）

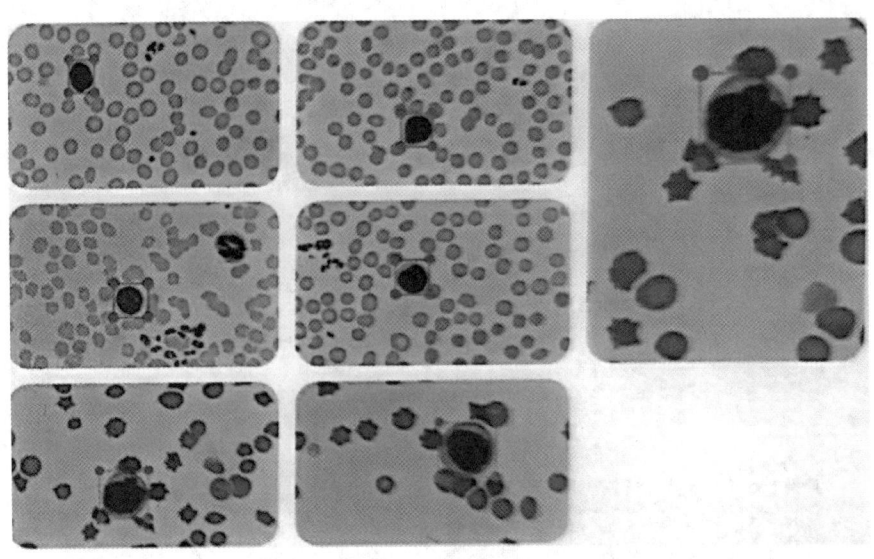

图 4.4 淋巴细胞

(5)嗜酸性粒细胞。

细胞质含有粉色颗粒,犬的嗜酸性粒细胞呈圆形,如图 4.5 所示,猫的呈细长形。

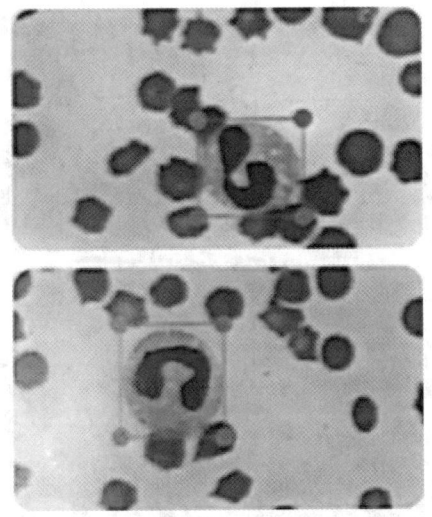

图 4.5 嗜酸性粒细胞

(6)嗜碱性粒细胞。

直径为 12~20 μm,细胞质内含有紫红色或紫色颗粒,颗粒呈圆形,嗜碱性粒细胞的形态如图 4.6 所示。

(7)单核细胞。

直径为 15~20 μm,细胞核的形状不规则,细胞质大量呈灰色或灰蓝色,形态如图 4.7 所示。

(8)血小板。

血小板与血小板之间会相互黏附,如图 4.8 所示。

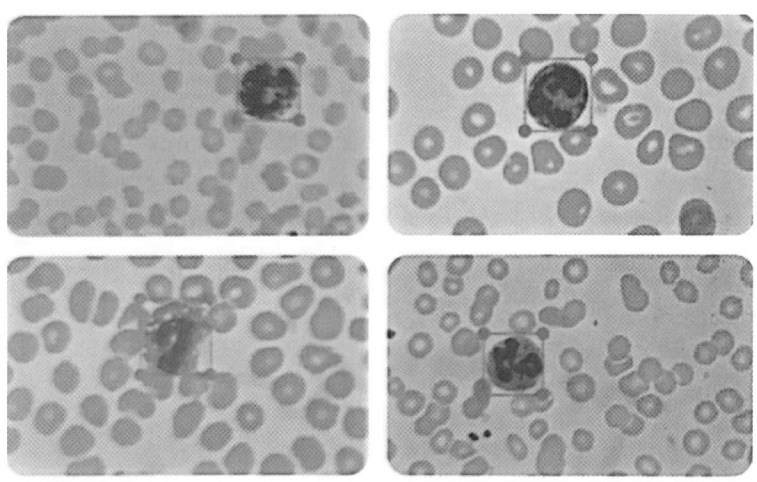

图 4.6 嗜碱性粒细胞

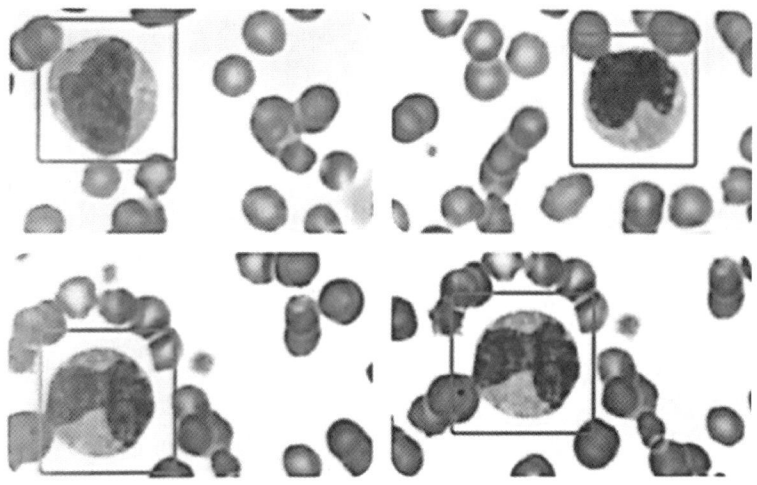

图 4.7 单核细胞

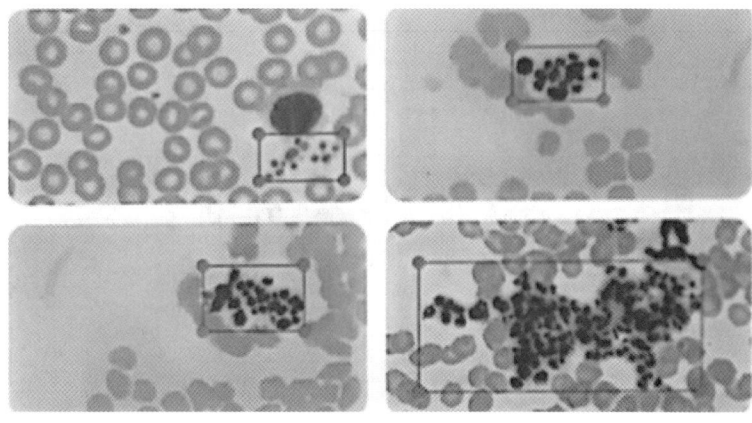

图 4.8 血小板

工作思考

网织红细胞染色标准流程。

(1)操作原理。

网织红细胞是介于晚幼红细胞和成熟红细胞之间尚未完全成熟的红细胞。其细胞质内尚存留部分嗜碱性物质,如 RNA 等。经煌焦油蓝、新亚甲蓝染色后,嗜碱性物质会凝聚成颗粒,颗粒可连缀成线,构成网织状。

(2)准备工作。

①核实动物家长及动物的基本信息。

②穿戴手套。

③准备所需器械和材料,将它们有序排列。

④染色前在待检涂片上做好标记。

(3)操作步骤。

①将网织红细胞染色液与全血以 1∶1 的比例混合,室温静置 20 min。

②制备涂片。

③进行镜检。

(4)注意事项。

①染色时间一定要充足,染色液与全血混合后,不能立即涂片。

②当室温较低时,染色时间应适当延长。

③试剂盒应尽量避免存储在高温、低温环境中,并应避免阳光直射。

全血常规
检测流程
(微课)

血清生化
检测流程
(微课)

 工作考核

内容	完成次数及时间	指导老师	被考核人员	是否通过	考核人员
制片					
判读					

真题训练

任务四 尿液分析

 工作目标

掌握尿液的物理、化学检查方法,并会用显微镜识别尿液中的成分。

课程思政

主题:科学思维。
内容:三聚氰胺致肾结石的可能机制。

工作内容

尿液分析,又称尿检,可用于疾病的诊断。

一、尿液性质

1.颜色

(1)正常尿液呈黄色,由尿胆原引起。
(2)红尿:尿液中含红细胞或血红蛋白。
(3)深黄色尿、棕色尿:尿液中含胆红素。
(4)红棕色尿:由血红蛋白或肌红蛋白引起。

2.清晰度

正常尿液应清澈,对于大多数物种,将其尿液样本放在一个透明的塑料管或玻璃管中,再将管子放在打印文本上,文本应清晰可见。
尿液混浊表示可能存在病理沉淀物。

二、尿液试纸条检查

尿液化学测试条(尿液试纸条,以下简称试纸)用于评估尿液样本的基本化学性质。
(1)将试纸完全浸入新鲜、混合良好的尿液中,并迅速取出,需确保所有试纸都完全浸入尿液。
(2)在纸巾或其他吸水纸上转动试纸,去除多余的尿液。
(3)静置适当的时间后,将试纸与试纸图示进行比较,并记录结果。
(4)用未经离心的尿液进行这些试验最佳,但是如果病宠有明显的血尿,在进行化学评估之前需要对样品离心。

三、尿比重检查

尿比重是一定体积的尿液的重量与相同体积的纯水的重量之比,它表明了尿液中溶解物质的浓度,反映了肾脏的稀释和浓缩能力。
(1)将1滴尿液放置在折射计的玻璃表面,关闭塑料盖,尿液通过毛细血管作用流至玻璃表面。
(2)将折射仪固定在光源上,计算光亮面积与黑暗面积的比例。

四、尿沉渣检查

尿沉渣检查的具体操作步骤如下。

(1)准确评估尿沉渣至少需要 5 mL 尿液。
(2)将混合良好的尿液样本放入离心机中离心(2000 r/min,5 min)。
(3)弃上清液,滴几滴蒸馏水到沉淀物中,后轻敲试管底部混匀尿沉渣。
(4)取一滴沉渣混合物放到载玻片上,盖上盖玻片,进行镜检。

五、尿沉渣镜检

尿沉渣镜检是指使用显微镜对尿沉淀物进行检查,识别尿液中的各种病理成分,并根据它们的数量和形态,对泌尿系统疾病作出诊断。

(1)存在红细胞(见图 4.9),提示泌尿道某处出血,但需注意区分导尿时引起的出血。
(2)存在中性粒细胞(见图 4.10),提示泌尿道感染。

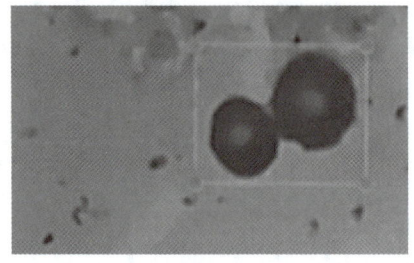
图 4.9 红细胞

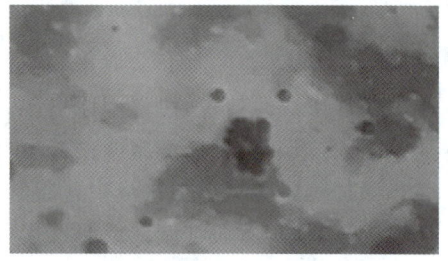
图 4.10 中性粒细胞

(3)存在杆菌(见图 4.11),提示泌尿道有细菌感染,注意尿液应为无菌穿刺尿。
(4)存在链杆菌(见图 4.12),提示泌尿道有细菌感染,注意尿液应为无菌穿刺尿。

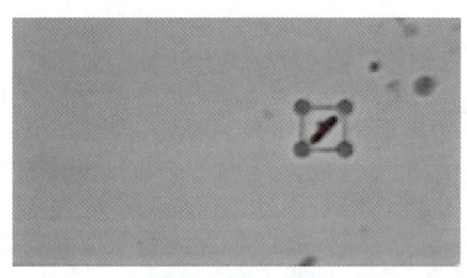
图 4.11 杆菌

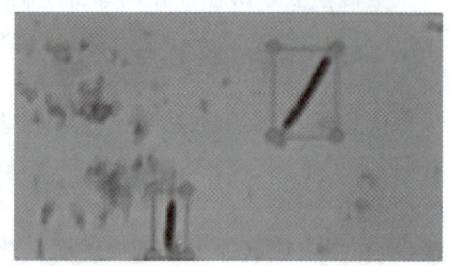
图 4.12 链杆菌

(5)存在胱氨酸结晶(见图 4.13),提示胱氨酸尿症(胱氨酸转运过程中的一种遗传缺陷,X 光片下不易显影)。
(6)存在磷酸铵镁结晶(见图 4.14),通常无临床表现,常见于碱性尿。

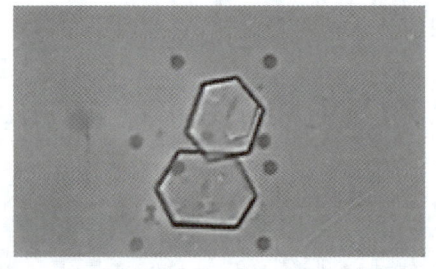
图 4.13 胱氨酸结晶

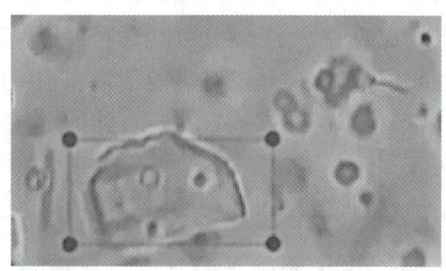
图 4.14 磷酸铵镁结晶

(7)存在草酸钙结晶(见图4.15),通常无临床表现,见于酸性尿,其可能是由冷藏和存放引起的人工产物,也可能与泌尿道结石、高钙血症、食入乙二醇有关。

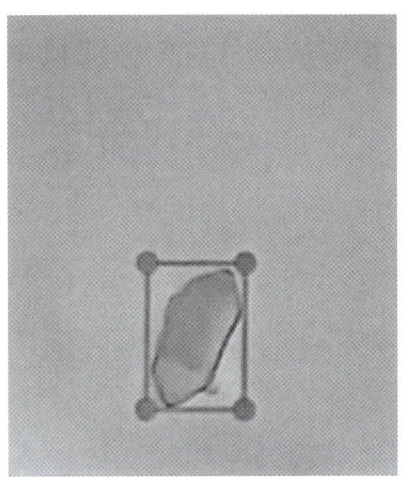

图4.15 草酸钙结晶

 工作思考

尿液检查的注意事项。
(1)进行尿液检查前必须核对好动物的基本信息,有序开展工作。
(2)出具尿液检查报告时需注明尿液采集方式,这有利于判读。
(3)尿液收集装置必须是无菌的,这样才能保证结果的准确性。
(4)尿比重检查结果不受尿液离心的影响,对于非严重混浊的尿样,可在离心前检查尿比重。
(5)若尿液颜色过于异常(如严重的胆红素尿或酱油色尿),需在结果上注明:化学性质检查结果受颜色干扰,结果仅供参考。
(6)在同一个实验室中实施的操作流程必须统一,尿液浓缩程度必须统一,这样才能保证尿沉渣镜检结果的准确性。
(7)尿液过于混浊时,可以不用离心后的尿液制备尿沉渣,可直接用原尿制备尿沉渣,但需要在化验结果中注明。
(8)尿沉渣涂片须滴染,不要浸染,以免造成染液的污染。
(9)尿液检查结束后需清理操作现场,做好消毒工作。

试纸板的使用(微课)

 工作考核

内容	完成次数及时间	指导老师	被考核人员	是否通过	考核人员
尿液试纸条检查					
尿比重检查					
尿沉渣镜检					

真题训练

任务五　粪便常规检查

正确进行粪便样本的采集与检验,并能对粪便进行显微镜鉴别。

主题:科学思维。
内容:中国现代医学的开山鼻祖——颜福庆。

工作内容

粪便常规检查包括粪便的外观观察和显微镜检查两项,它对于消化道疾病和肠道寄生虫病的诊断和治疗观察具有重要意义。本书重点介绍粪便样本的采集与鉴别诊断。

一、样本处理

(1)样本应储存于密闭容器内,如无法立即进行检验,应将样本冷藏保存,并在 1 h 内进行判读。

(2)将所采集的粪便与生理盐水混合,用过滤网将粪便残渣过滤掉,取液体部分待查。导管取便可直接用于镜检。

(3)可利用离心法或漂浮法选取所需样本。

(4)取少量液体滴于载玻片上,盖上盖玻片,准备镜检。

(5)采用粪便拭子采样或直肠采样方法得到的样本需经染色,再经显微镜判读。

二、鉴别诊断

1.寄生虫

(1)存在钩虫卵(见图 4.16)。L3 幼虫穿透皮肤会导致丘疹病变,可能引发脓皮病;幼虫的迁移可能会引起咳嗽和肺炎;钩虫寄生在十二指肠部位会引起充血性出血性肠炎,有时会引起腹泻(通常是暗黑色出血性腹泻)。

(2)存在蛔虫卵(见图 4.17)。蛔虫在发育过程中移行会引起呼吸道症状,如咳嗽。幼犬和幼猫体内有蛔虫会发育迟缓、食欲不振、消瘦、毛发暗淡。动物体内有蛔虫可能会引起腹泻、呕吐。

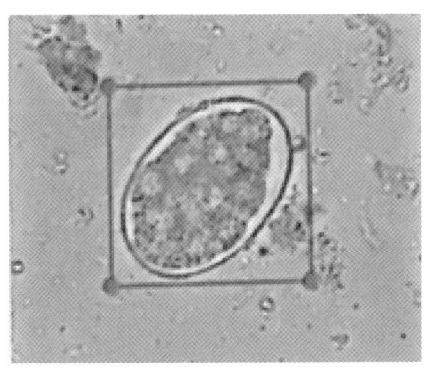
图 4.16 钩虫卵

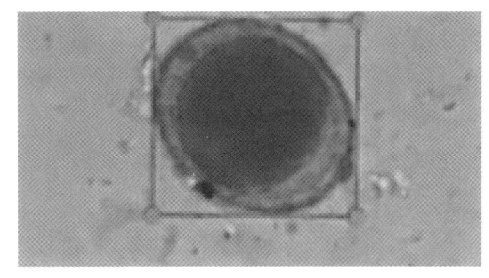
图 4.17 蛔虫卵

(3)存在球虫(见图 4.18)。临床表现为腹泻(伴有黏液,有时会有少量鲜血)、腹痛、厌食、体重减轻,常发生于幼犬、幼猫,如伴发其他传染病,会加大动物死亡率。

(4)存在绦虫卵(见图 4.19)。动物患绦虫病,可能在体内形成包囊,如包囊寄生在脑部,会引起神经症状。

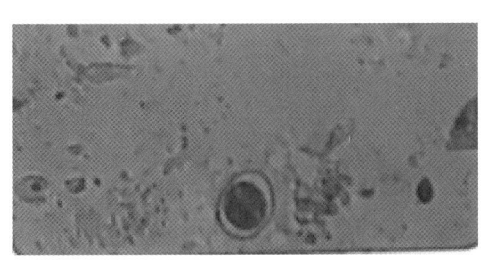
图 4.18 球虫

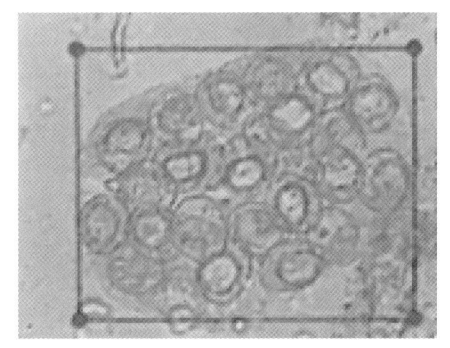
图 4.19 绦虫卵

(5)存在鞭虫卵(见图 4.20)。会引起充血性和出血性结肠炎,导致腹泻(伴有黏液,可能伴有少量鲜血),动物可能出现贫血症状,慢性感染会导致犬相当大的体重丢失。

(6)存在胎儿三毛滴虫(见图 4.21)。易导致大肠型腹泻,易复发,传染率高。

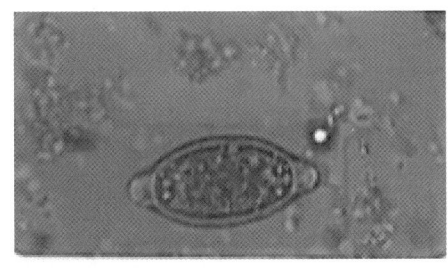
图 4.20 鞭虫卵

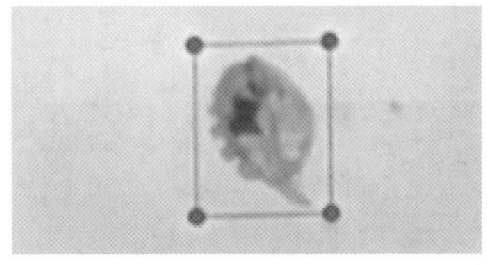
图 4.21 胎儿三毛滴虫

(7)存在犬贾第虫滋养体(见图 4.22)。会引起腹痛、腹泻(有时伴有软便,可能会伴有少量鲜血)、吸收不良。

(8)存在吸虫卵(见图 4.23)。临床表现为腹泻、腹痛、厌食、体重减轻,吸虫会寄生在胆管,引起胆管阻塞,临床上可见黄疸等肝损伤症状。

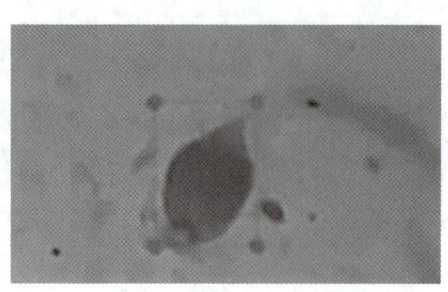

图 4.22 犬贾第虫滋养体

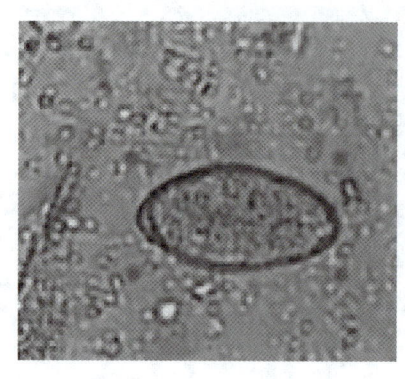

图 4.23 吸虫卵

细菌性痢疾时,也有可能检查出微生物。

2. 微生物

(1)存在弯曲螺旋杆菌(见图 4.24)。常在菌,条件致病。
(2)存在酵母菌(见图 4.25)。粪便偶可见,通常不致病。
(3)存在芽孢杆菌(见图 4.26)。大量存在时可能会引起腹泻。

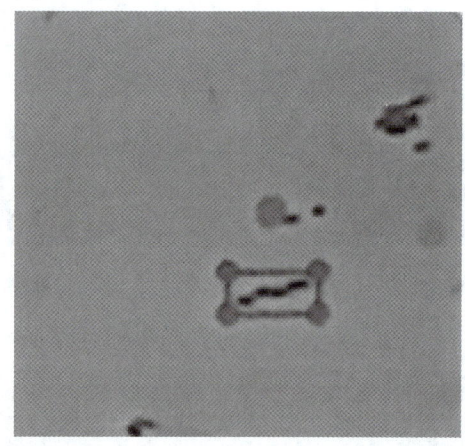

图 4.24 弯曲螺旋杆菌

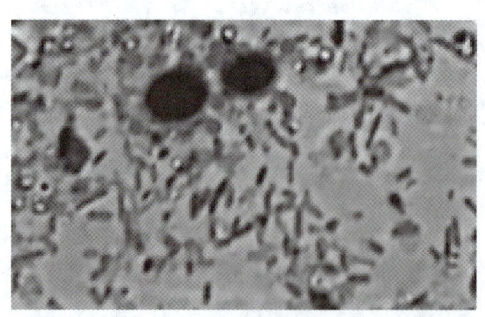

图 4.25 酵母菌

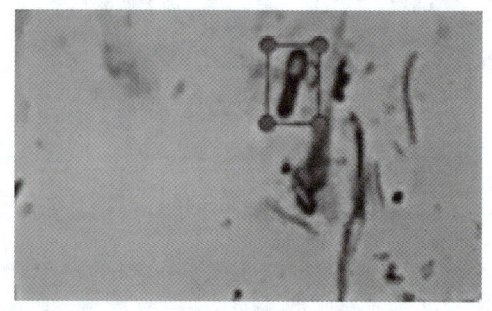

图 4.26 芽孢杆菌

3. 其他物质

(1)存在植物细胞(见图4.27)。食草、水果等植物食物引起。
(2)存在肌纤维(见图4.28)。胰腺外分泌不全或食用食物不恰当引起。

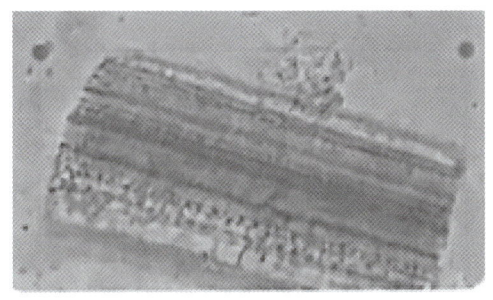

图4.27 植物细胞　　　　　　　　图4.28 肌纤维

(3)存在淀粉颗粒(见图4.29)。胰腺外分泌不全或过量食用碳水化合物引起。
(4)存在脂滴(见图4.30)。胰腺外分泌不全或食用食物不恰当引起。

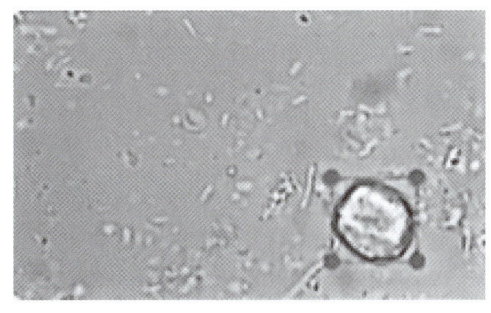 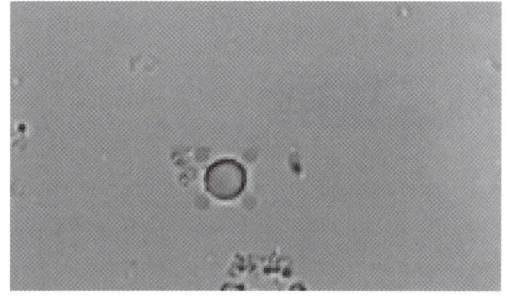

图4.29 淀粉颗粒　　　　　　　　图4.30 脂滴

 工作思考

粪便检查的注意事项。
(1)制作涂片前必须核对好动物的基本信息,有序开展工作。
(2)确定好粪便检查项目,除粪便常规检查外,其他检查项目应在稀释粪便之前进行。
(3)制作粪便涂片时,可用酒精灯进行样本干燥,但不可烘烤时间过长,以防止物质变形。

宠物粪便感官检查(微课)

 工作考核

内容	完成次数及时间	指导老师	被考核人员	是否通过	考核人员
样本处理					
鉴别诊断					

真题训练

任务六　皮肤样本镜检

正确识别显微镜下的寄生虫、真菌、细菌等。

主题：科学思维。
内容：动物皮肤病（包括螨虫）的诊断方法。

宠物皮肤病的病因多种多样，如细菌、真菌、寄生虫感染等。常见的症状有脱毛、瘙痒、红疹、疱疹等，往往缺乏特异性，单纯依靠临床症状难以准确做出诊断。实验室诊断是减少误诊和漏诊的重要方法，同时对皮肤病的用药及护理也具有十分重要的指导意义。

一、皮肤病料的采集方法

透明胶带法：临床上使用较少，主要用于疑似姬螯螨感染的病灶。
压迫涂片法：适用于有渗出的病灶，如丘疹、脓疱。
直接涂片：主要用于耳道、阴道、脓包、口腔等处有渗出物的病灶。
皮肤刮片：较为常用。

二、压片制备

一般情况下，皮肤样品（即样本）的检验须同时进行透明化后的镜检和染色后的镜检，因此，应至少准备2份病料涂片。

用于透明化后镜检的涂片主要用于检查寄生虫，稍厚的涂层有利于虫体的集中，以减少观察工作量。

用于染色后镜检的涂片主要用于检验细菌、真菌等，其涂层应较薄，以便观察。

1. 透明化

采集好的皮肤病料，若不经任何处理而直接用于镜检，则视野中会有大量折光不均匀的斑驳皮屑团块，难以清晰地检出寄生虫。因此，应对皮肤病料进行透明化处理后再进行镜检。

透明化处理方法主要有2种:KOH透明化和油化透明化。

(1)KOH透明化:在涂片上滴加1~2滴10%的KOH溶液,压上盖玻片后轻微加热。

(2)油化透明化:在涂片上滴加1滴矿物油(如石蜡油)或甘油,也可用显微镜镜头油或植物油,轻微加热(也可不加热)。若加热,透明化程度会更好。

注意,对于含水分很多的样品,KOH透明化的效果更佳。

2. 染色

皮肤图片染色的方法与血涂片染色的基本相同,但滴加蒸馏水后静置时间应缩短至30 s以内。皮肤病患犬通常皮脂腺分泌物过多,会导致涂片油腻,妨碍染色,此时可适当延长滴加染液及滴加蒸馏水后的静置时间。必要时,可先在涂片上滴加石油醚以脱脂,再进行染色。

三、镜检结果

镜检时可能看到寄生虫、癣菌、马拉色菌等。

1. 寄生虫

(1)疥螨。

疥螨生活在毛发、皮肤表面或表皮角质层上,如犬的耳廓、腿和腹侧。成虫生活在皮肤表面,每天钻2~3 mm到角质层产卵。幼虫从卵中孵化,蜕皮成若虫,最终在皮肤表面变为成虫。疥螨可以在离开寄主后存活2~6天。疥螨感染的临床症状包括脱毛、瘙痒、丘疹等,继发感染很常见,这种疾病通过直接接触受感染的个体或通过尘螨传染,疥螨的形态如图4.31所示。

(2)蠕形螨。

蠕形螨在哺乳动物中被认为是正常的寄生螨种,它们存在于皮脂腺的毛囊中,以上皮细胞和皮脂为食。蠕形螨感染的临床症状包括脱发、丘疹、脓疱、结痂、糜烂、结节,很少有瘙痒,病变通常位于面部、脚/远端肢体或背侧。它们可能存在于身体的任何地方,病变为单发或多发。疾病通常发生在免疫受损的动物身上(如年老或患病的动物),为了充分治疗这种疾病,需要确定免疫抑制的潜在原因。蠕形螨的形态如图4.32所示。

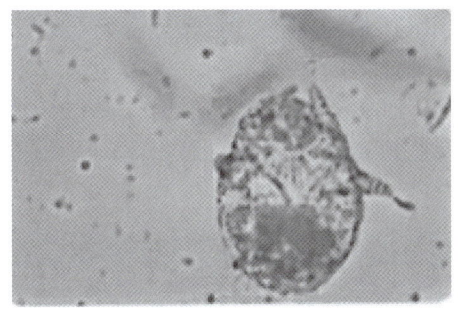

图 4.31 疥螨

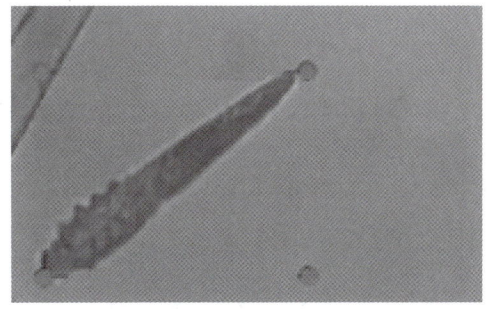

图 4.32 蠕形螨

(3)耳痒螨和姬鳌螨。

耳痒螨可感染任何哺乳动物,耳痒螨感染的症状包括:耳炎、耳屎呈咖啡渣样、瘙痒等,耳痒螨的形态如图4.33所示。

姬鳌螨感染是人兽共患病,感染的主要症状包括:瘙痒、皮屑、脱毛、皮肤损伤,姬鳌螨的形态如图4.34所示。

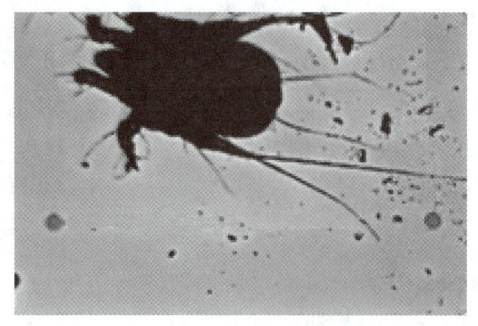

图 4.33 耳痒螨

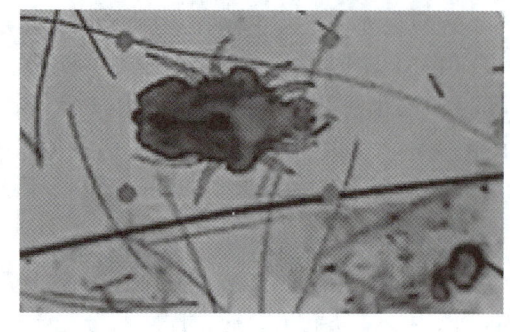

图 4.34 姬螯螨

(4)虱子和跳蚤。

虱子是传播流行性斑疹、伤风、虱传回归热及战壕热等的主要媒介,其形态如图 4.35 所示。

跳蚤呈棕褐色,头部呈曲线,第三对足长有强壮的刚毛,其形态如图 4.36 所示。它的寄主数量少于猫蚤和人蚤的,它会叮咬各种哺乳动物,如犬、猫、人类和野生动物。它也是绦虫的中间宿主。

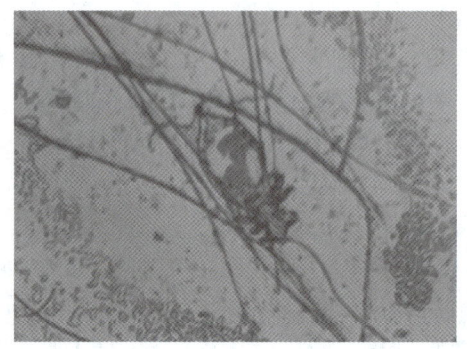

图 4.35 虱子

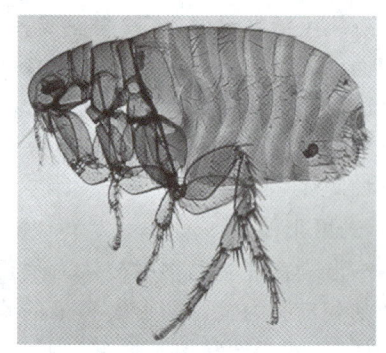

图 4.36 跳蚤

2. 癣菌

癣菌是由毛癣菌或小孢子菌引起的。孢子被引入磨损的皮肤,然后菌丝开始在毛发或角质化的皮肤中生长。有些感染会表现出发炎或瘙痒,而另一些则没有。

大约 50% 的犬小孢子在紫外线下会发出荧光。如果没有出现荧光,则有必要收集头发和/或浅表皮肤样本直接进行显微镜镜检,或染色检查真菌菌丝或孢子。真菌菌丝与小分生孢子的形态分别如图 4.37 和图 4.38 所示。

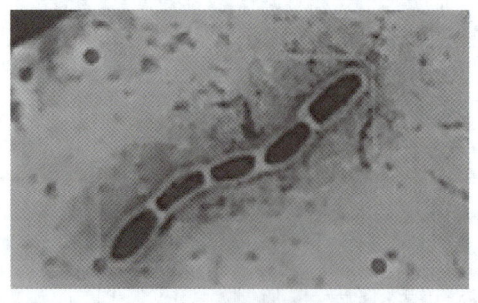

图 4.37 真菌菌丝

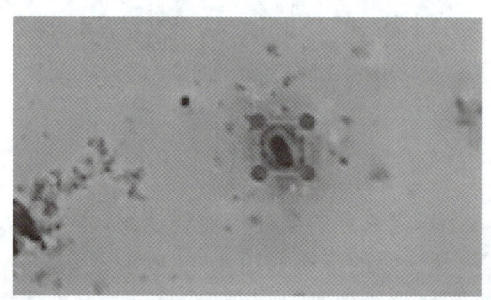

图 4.38 小分生孢子

3. 马拉色菌

马拉色菌可在正常皮肤上被发现,也会导致瘙痒、皮炎,令动物发臭。马拉色菌的形态如图 4.39 所示。犬比猫更易感染此菌。

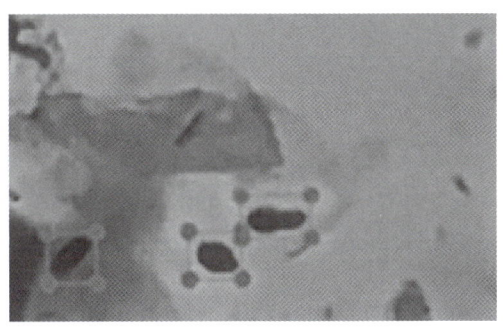

图 4.39　马拉色菌

 工作思考

皮肤样本镜检的注意事项有哪些?

(1)皮肤被细菌、真菌感染时,局部常出现面积较大的脱毛、皮屑、渗出等。细菌多聚集在毛发、角质层等处,真菌多聚集在角质层及角质层下。所以,对于疑似细菌/真菌感染病例,采样重点应放在皮屑处,取样达到角质层即可,不必过分追求深度。

(2)疥螨寄生在皮下的隧道中,蠕形螨常在毛囊中或表皮上,其所在区域常出现脱毛或红色小丘疹等。对此类病例,取样范围可局限在丘疹附近,在深度上应保证达到真皮(稍出血即可,面积不宜过大)。

(3)取样时,用利刀的尖部小面积刮取容易取得较多皮屑,既可保证取样深度,又不至于造成过大、过深的伤口,不会引起大面积出血,取样部位的皮肤易于复原,且皮样中只含少量红细胞,对镜检的干扰小(红细胞难以透明化)。

(4)如刀片较钝,往往需反复、用力刮皮才能得皮屑,这常使采样局部皮肤光亮、皮下出血,类似刮痧后的表现。此时若继续粗暴刮取,会将取样部位的表皮层全部刮脱,使皮肤出现较大、较深的破损,易导致瘢痕形成,且刮得的样品中含大量红细胞,妨碍镜检。

跳蚤的危害(动画)

皮肤活组织检查(微课)

 工作考核

内容	完成次数及时间	指导老师	被考核人员	是否通过	考核人员
寄生虫镜检					
癣菌镜检					
马拉色菌镜检					

真题训练

任务七　血糖测量

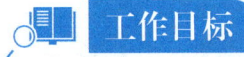

掌握宠糖仪正确的操作方法及使用注意事项。

主题：科技饲喂。
内容：肥胖的代价及危害。

工作内容

测血糖就是测量动物血液中的糖，绝大多数情况下都是测量葡萄糖。体内各组织细胞活动所需的能量大部分来自葡萄糖，所以血糖必须保持一定的水平才能维持体内各器官和组织的需要。

一、宠糖仪的使用

宠糖仪的使用步骤如下。
(1)准备宠糖仪(AlphaTRAK2)便携式收纳包。
(2)查看试纸条保存瓶上的宠物类型(犬或猫)代码。
(3)选择采血位置。
①耳廓边缘(最常用)，用生理盐水将耳廓擦拭干净并擦干，如需多次测量，可剃除多余毛发，增加可采血的范围。
②牙龈(非短头颅犬猫)。
③非负重的爪垫或附属爪垫(周围毛发剃干净)。
(4)将一次性毛细血管采血针盖子打开，将采血针安装至毛细血管采血器中，合上透明盖子。
(5)将试纸条正面朝上插入仪器中，仪器会自动开机。
(6)仪器自动开机后会显示代码，将代码调为当前测量宠物的相应代码。
(7)使用准备好的毛细血管采血针在计划的采血位置上进行穿刺，等待数秒，出现血滴(血滴直径为2～3 mm)。

(8)令试纸条的采血处接触血滴,血液会自动吸附到试纸条上。当听到"滴"的一声,表示试纸条获得了足够的血液。数秒内显示屏上会显示血糖测量值。

注意:当试纸条采血处接触血液 5 s 后未听到"滴"的一声,且屏幕上仍然显示的是"等待血滴"界面时,表示血液量不足,需要用试纸条的另一采血处采集更多的新鲜血液(重新穿刺)。

记录血糖测量时间、血糖测量数值,拔下试纸条,宠糖仪将自动关机。将试纸条和已使用的一次性毛细血管采血针放入医疗垃圾桶,宠糖仪归位。

二、注意事项

1. 清点物品

宠糖仪便携式收纳包内的物品清单如下。
(1)快速宠糖仪。
(2)试纸条保存瓶(瓶身有犬猫血糖校正参数)。
(3)试纸条(保存在瓶内,保持干燥、密封)。
(4)毛细血管穿刺器。
(5)一次性毛细血管采血针。

2. 宠糖仪的日常维护

(1)定期检查试纸条的失效日期。使用过期的试纸条会导致结果不准确。
(2)定期更换宠糖仪的纽扣电池,并在收纳包内放置备用电池。
(3)试纸条和宠糖仪应常温保存。
(4)试纸条应保持避光、干燥。
(5)试纸条不得折叠、弯曲。

1. 犬猫血糖参考值

(1)犬:3.3~6.7 mmol/L。
(2)猫:3.9~7.5 mmol/L。

2. 宠糖仪使用注意事项

(1)应在室温下保存与使用宠糖仪,应避免将仪器置于电磁场(如移动电话、微波炉等)附近。
(2)采血量不能过多或过少,操作要迅速,以免影响结果。
(3)不宜采用含碘消毒剂(如碘伏、碘酒)消毒皮肤,碘与酶可发生反应,从而干扰电流的数值,使血糖测量数值产生偏差。
(4)快速宠糖仪测量出的结果是范围值,每次测量的结果通常会有一些差异,但差异不会太大。

工作考核

内容	完成次数及时间	指导老师	被考核人员	是否通过	考核人员
血糖测量					

真题训练

工作岗位五 影 像 室

影像学检查是用于间接观测体内结构的方法,具体包括X射线检查、超声波成像、CT(一种计算动物每个切面密度的影像方法)和MRI(磁共振成像)等。影像室工作人员应当熟悉这些检查的操作过程,并在此过程中为医护人员提供适当的辅助。

影像室岗位管理制度与职责

(1)每天上、下班时需对影像室进行清扫与消毒。

(2)每次操作完需消毒平台。如地面有动物粪便等脏物,应及时进行清扫、消毒。

(3)工作人员应着防护服进行操作,尽量避免辐射。

(4)X光片(X线片)、显影、定影剂等由负责人保存记录,短缺时应及时进货。

(5)应严格按规定操作B超机、X光机(X线机)等设备,以免造成损坏。

(6)严格按照规定存放X光片,操作人员必须熟悉相关仪器的特性和使用方法,尽量减少废片的数量。

(7)定时更换显影液、定影液,保证片子的质量。

任务一 X射线检查

工作目标

掌握X射线检查的基本原理、影像拍摄技巧与注意事项。

课程思政

主题:科技创新。

内容:国内首家"全流程刷脸就医"医院落户余杭。

工作内容

应合理使用保护设施,能根据具体情况进行正确摆位,并会设置恰当的拍摄参数。

一、X射线概述

1. X射线的产生

在高压电场中加速电子,用携带巨大能量的电子撞击金属原子,将金属原子内层电子撞出形成空穴,外层电子跃迁回内层,同时释放光子,释放出的光子即为X射线。

2. X射线成像

无数X射线由机器发出,经过动物体后,部分被吸收,部分到达胶片(感光板),部分发生散射(折射)。X射线被机体吸收的越少,到达胶片的就越多。发生散射的X射线无法产生与机体相关的影像,仅会增加灰度,导致影像对比度下降。

3. X射线的危害及防护措施

X射线通常含有较大的能量,高速撞击机体时,会使机体原子周围的电子被撞开,形成带负电荷的电子及带正电荷的原子,这种离子对结构不稳定,可能与遗传物质或其他物质发生反应,诱发基因突变,会致癌、致畸。

所以,为减少辐射的伤害,工作人员应熟悉以下注意事项。

①尽量减少拍摄次数。

②尽量不让一次性射线进入身体的任何部位,尽量远离被拍摄物。

③建议令保定人员佩戴铅衣、铅眼镜、铅围脖等物品,工作人员应重点防护身体淋巴及腺体。使用防护服或者防护手套等屏蔽散射线,防护服对一次射线没有防护作用,故即使戴手套也不能保证一次射线不射入。防护材料屏蔽X射线效果展示如图5.1～图5.3所示。常用防护材料的防护效果为:铅＞铁＞混凝土＞砖＞石膏板。2 mm厚的铅可抵挡X射线正面辐射,约24 cm厚的普通无缝隙砖墙可达到2 mm厚的铅的防护效果。

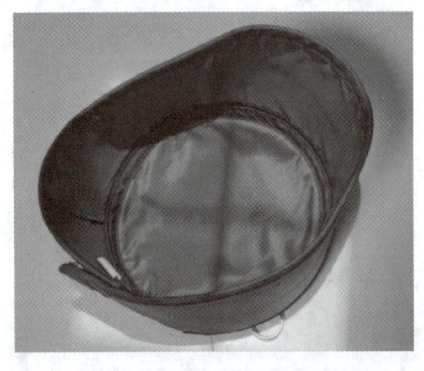

图5.1 防护材料屏蔽X射线效果展示1

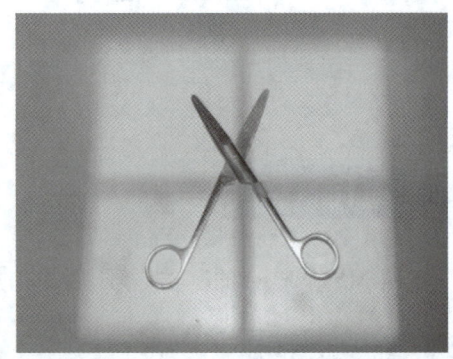

图5.2 防护材料屏蔽X射线效果展示2

图 5.3 防护材料屏蔽 X 射线效果展示 3

二、影响 X 射线影像的主要因素

一个部位应至少拍摄 2 张 X 线片,否则容易出现判读失误。例如,对于一个罐装物体,侧拍时,其会显示出长方形(我们会误判其为长方体);立拍时,会显示出圆形(我们容易判断其为球体);只有拍摄两张 X 线片,我们才容易将其判别为圆柱体,如图 5.4、图 5.5 所示。

图 5.4 拍出"长方形"效果

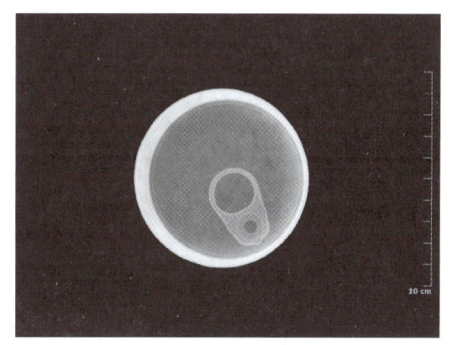

图 5.5 拍出"圆形"效果

1.曝光条件

曝光条件直接影响拍摄质量,我们建议使用表 5.1 中所示的参数进行设置。一般来说,机器会附带建议参数,也可以尝试使用此附带建议参数。

表 5.1 曝光参数设置

部位	曝光时间/mA·s	单位时间内 X 射线的量/mA	胶片距/cm
骨骼	12~16	100~125	80~120
胸腔	6~8	100~125	
腹腔	8~10	160~200	

注:(1)X 射线的穿透能力=体厚×2+(20~25);(2)拍摄之前需要测量被拍摄部位的厚度。

2. 运动

动物在拍摄过程中移动可能会导致影像模糊,因此,对于好动的动物,应尽量减少曝光时间,以此增加影像清晰度。

3. 焦点位置

要将目标部位置于视野中心(对准拍摄中心),焦点是令整个影像最接近真实的位置,因此应把需要拍摄的位置置于焦点处。距离焦点越远的位置,影像失真度越高,通常会放大原物体,如图 5.6 所示。

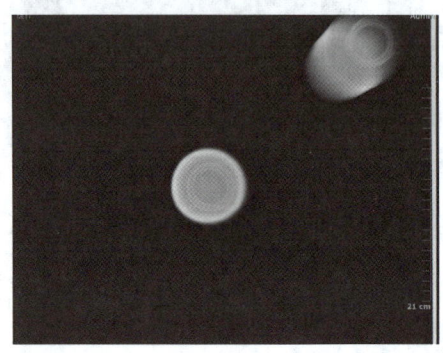

图 5.6 拍摄范围边缘出现失真情况

4. 曝光范围

曝光范围越大,X 射线产生的散射越多,会导致图片的对比度下降。同时也会散射更多的 X 射线,会辐射保定人员。因此,在满足影像质量要求的前提下,应尽量减小曝光范围。

三、常用摆位

1. 胸腔摆位

拍摄胸腔时,应在吸气末进行拍摄,可以保证肺部充盈并最大化地显示信息。

(1)胸片侧位。

投照中心:肩胛骨后两指宽处。

投照范围:肩关节前一指到最后肋弓一指。

影像要求:前肢皮褶不遮挡肺叶;肋骨弯曲不能超过脊椎骨上缘;气管与脊椎夹角成锐角;影像前端显示肩关节,后端显示第一腰椎;两侧肋骨应尽量重合。

(2)胸片正位。

投照中心:第五到第六肋间的间隙或第一对乳头连线中心与胸骨交叉处。

投照范围:胸腔入口处到最后肋弓下缘。

影像要求:前端显示胸腔入口,后端显示两个膈角;脊椎与胸骨完全重合;第四、第五肋弓与脊椎垂直;心脏与膈分离,膈顶明显。

2. 腹腔摆位

(1)腹片侧位。

投照中心:最后肋骨后缘。

投照范围:膈肌到髋关节。

影像要求:前端显示膈肌,后端显示髋关节;骨盆重合,不发生扭转。

(2)腹片正位(腹背位)。

投照中心:脐孔。

投照范围:横膈顶部(剑状软骨向前两指)到耻骨前缘。

影像要求:前端显示横膈顶部,后端显示耻骨前缘;后肢蛙式体位摆位时使用V形槽;脊柱竖直,不扭曲。

3. 四肢摆位

(1)肩胛骨内外侧位。

投照中心:肩胛冈最大突出处。

投照范围:肩胛骨上缘到肩关节下缘。

影像要求:患肢在上,向前推肩胛骨;健肢在下,向后拉伸;头部轻微上抬。

(2)肱骨内外侧位。

投照中心:肱骨中段。

投照范围:肩关节上缘到肘关节下缘。

影像要求:患肢在下,稍向前伸,显露肱骨头;健肢在上,向后牵拉,内侧髁与外侧髁重叠。

(3)肱骨前后位。

投照中心:肱骨中段。

投照范围:肩关节上缘到肘关节下缘。

影像要求:内侧髁与外侧髁对称。

(4)桡尺骨内外侧位。

投照中心:桡尺骨中心。

投照范围:肘关节到腕关节。

影像要求:患肢在下,向前拉伸,尺骨与桡骨分开。

(5)桡尺骨后前侧位。

投照中心:桡尺骨中心。

投照范围:肘关节到腕关节。

影像要求:仰卧保定,患肢前伸,不能扭曲,内外踝均可见。

(6)股骨内外侧位。

投照中心:股骨中心。

投照范围:髋关节到膝关节。

影像要求:侧卧保定;健肢在上,向背侧牵拉;患肢在下,紧贴面板。

(7)股骨前后位。

投照中心:股骨中心。

投照范围:髋关节到膝关节。

影像要求:仰卧保定,双后肢向后牵拉,不要扭转。

(8)胫腓骨内外侧位。

投照中心:胫骨中心。

投照范围:膝关节到跗关节。

4. 中轴骨摆位

C 代表颈椎；T 代表胸椎；L 代表腰椎；S 代表荐椎；数字代表是第几个椎体。

(1)颈椎侧位。

投照中心：C4。

投照范围：颅底到第一胸椎。

影像要求：头部稍向前伸展，前肢向下牵拉，保持肩胛骨与颈椎垂直，不要扭转。

(2)颈椎屈曲位。

投照中心：C1。

投照范围：颅底到 C4。

影像要求：头部轻微向前弯曲即可，不要扭转。

(3)颈椎腹背位。

投照中心：C4。

投照范围：颅底到第一胸椎。

影像要求：颈椎保持直线状态，头部及胸前保持正直。

(4)胸椎侧位。

投照中心：第七胸椎。

投照范围：C6 到 L1。

影像要求：侧卧，自然伸展；肋骨弯曲，不能超过椎体；头部牵伸。

(5)胸椎腹背位。

投照中心：肩胛骨后缘处(T6)。

投照范围：C6 到 L1。

影像要求：仰卧保定，前肢自然牵拉，身体保持正直。

(6)腰椎侧位。

投照中心：L4。

投照范围：T13 到 S1。

影像要求：侧卧保定，身体保持自然伸展。

(7)腰椎腹背位。

投照中心：L4。

投照范围：T13 到 S1。

影像要求：仰卧保定，身体自然伸展，保持正直，脊柱呈直线。

(8)荐椎/骨盆侧位。

投照中心：S1。

投照范围：L6 到 S6。

影像要求：侧卧保定，身体自然伸展，后肢稍向斜后方拉伸，尾部自然向后伸展。

(9)荐椎/骨盆腹背位。

投照中心：S1。

投照范围：L6 到 S6。

影像要求：仰卧位保定，躯体与尾部保持正直，骨盆对称。

四、常用造影技术

1. 消化道造影

造影剂通常选用阳性造影剂(硫酸钡、有机碘)。

造影前动物最好禁食 12 h,使胃肠道排空。使用造影剂时尽量不要使用麻醉剂及其他可能会使动物胃肠道蠕动功能受影响的药物,以免影响排空时间,不能准确评估 X 射线拍摄时间。

造影要点如下。

(1)硫酸钡的准备:稀释硫酸钡,溶液要稍黏稠,以可以挂壁为宜。

(2)造影剂灌服剂量为 5～10 mL/kg,尽量不要将液体洒到动物身体表面,这会影响拍摄效果。灌服时应缓慢,避免造成异物性肺炎,疑似消化道穿孔的病例禁止使用硫酸钡造影剂。

(3)在灌入造影剂后的 5 min、30 min、2 h、6 h、12 h、24 h 时分别拍摄 X 射线影像。

2. 血管造影

通常选用泛影葡胺作为造影剂,进行血管造影时,动物最好处于不脱水状态,避免血液循环不足影响造影结果。

造影要点如下。

(1)使用盐水 1∶1 稀释泛影葡胺。

(2)按 2 mL/kg 的剂量静脉注射造影剂,推注速度应缓慢。

(3)注射造影剂后,约每隔 10 min 拍摄一次 X 射线影像。泛影葡胺主要通过肾脏代谢,因此,其对肾脏及输尿管的造影效果较好。

3. 泌尿系统逆行造影

造影剂通常选用泛影葡胺或碘海醇。

造影要点如下。

(1)使用盐水 1∶1 稀释造影剂。

(2)逆行造影不适用于严重尿闭的动物,可能导致膀胱及尿道压力过大。造影过程中,可以使动物轻度镇静。

(3)逆行造影后,即时进行拍摄,在之后的 5 min、10 min 时再次拍摄。

工作思考

X 射线检查交流话术。

(1)放射学检查安全度高,对身体健康影响小。

(2)X 射线检查可用于检查头颅、胸腔、腹腔内的脏器,以及肌肉与骨骼。

(3)定期体检可以排查脏器与骨骼形态早期的病理变化,超过 5 岁的动物应该每年进行一次体检(包含放射学检查)。

(4)体检异常的动物应该积极接受治疗并定期复查。

工作考核

内容	完成次数及时间	指导老师	被考核人员	是否通过	考核人员
X线机的使用					
正确摆位					
造影技术的使用					

真题训练

任务二 超 声 检 查

 工作目标

掌握超声检查的基本原理、相关摆位技巧与注意事项。

 课程思政

主题：新发展格局。
内容：加强数字化发展治理，推进数字中国建设。

 工作内容

超声影像技术（超声检查）可以用于所有身体器官的疾病和损伤诊断。借助超声波可以得到器官的影像。相对于放射技术来说，其优点是设备体积相对较小且无辐射。

一、超声概述

1.超声波

超声波是指超过人耳听力阈值上限的声音，兽医常用的超声波频率为1～10 MHz。

2.超声成像

超声波经探头发射后经过动物体，由于不同组织对超声波的阻挡程度不同，声波的反射存在差异，因此会形成不同的回声。

正常各组织回声的强弱顺序为：尿液＜胆汁＜血液＜肾髓质＜肌肉＜肾皮质＜肝＜脾＜前列腺＜结石＜骨＜气体。

3. 探头

(1)采用凸型探头时,超声波成扇形发射,扫查范围相对较大,波的频率相对较低,波的波长较长,适合腹腔深部影像扫查。

(2)采用平面探头时,可垂直发射超声波,扫查范围相对较小,波的频率高,此时影像分辨率最高,但波的波长较短,适合浅表器官及眼科的扫查。

(3)采用平面探头时,声窗较小,平面探头主要用于心脏的扫查。

4. 主要参数调节

(1)频率:频率与波长成反比,频率越高,分辨率越高,图像越清晰,但波的穿透力下降,成像的深度降低。

(2)深度:由被检器官的深浅、大小决定。

(3)焦点位置:超声波最集中的位置,此处图像分辨率最高,应将焦点位置调至想检查的器官处。

(4)增益:用于调节成像的亮暗,增益越大,图像越亮。

(5)时间增益(分段增益):弥补因组织对超声波的吸收程度不同而导致的反射波强度差异,通常深层组织的时间增益大于浅表组织的。

5. 机器的养护

通风滤网起散热作用,应每周清理滤网,防止灰尘或毛发阻塞滤网影响机器散热。动物的剃毛工作不应在超声室进行,以免散落的毛发阻塞通风滤网。

超声机器最灵敏、最贵重的部分是探头,因此探头的养护是最重要的,应禁止让探头与针头及其他尖锐粗糙物品接触。禁止使用酒精擦拭探头,最好使用厂家提供的专用清洁液及柔软的卫生纸擦拭探头。

二、超声准备

1. 环境

超声室应尽量处于暗室,可减少光线对屏幕图像的影响。其次应尽量选择安静的房间,减少动物应激反应,为超声检查提供方便。

2. 物品准备

(1)耦合剂。

耦合剂的主要成分是甘油和水,可避免探头和皮肤之间空气的干扰,同时起到润滑的作用,可以有效保护探头,避免磨损探头。常规操作下使用普通耦合剂即可,对于伤口部位的超声检查,应使用一次性无菌耦合剂。

(2)增距垫。

由于浅表的器官(如眼球)距离探头太近,无法清晰成像,因此需要在探头和浅表器官之间放置增距垫。如果没有专用增距垫,可在医用橡胶手套内加满耦合剂(加入时注意不能有空气)作为简易增距垫使用。

(3)酒精。

将酒精涂于心电导联电极夹上,可使传导更稳定;当动物比较喘时,将酒精放于动物鼻孔处可以减缓动物喘息,为超声检查提供方便。

(4)手纸。

超声室应常备柔软的手纸(卫生纸),用于清理动物体表污物及残留的耦合剂,也可用于擦拭探头。

3.动物准备

为动物剃毛,剃毛区域应尽量大(对于猫,可适当减小剃毛区域,防止应激反应)。

对于犬的腹部超声检查,剃毛区域的前方应达到剑状软骨,后方应达到阴门(睾丸)附近,两侧应明显触及肾区。对于猫,由于其皮肤游离性较大,可适当减小剃毛区域,以牵拉皮肤后可达到剃毛区域为宜。

对于肝脏及心脏的超声检查,由于需要在肋弓处扫查,因此需要将动物两侧胸壁的毛发剃除。

三、摆位

做常规腹部超声检查的动物应仰卧于 V 形槽内,身体应保持正直,工作人员应尽量安抚动物情绪,减少动物扭动。对于边缘脏器的扫查,可稍向对侧转动动物身体,如,扫查右侧肾脏时,可以使动物稍向左侧转动,以使右肾扫查区域更明显地暴露。对于膀胱的扫查,可能需要动物处于站立位。对于做心脏超声检查的动物,主要采用侧卧位保定,令动物心脏(第四到第六肋间)处于超声台预留孔上,向前牵拉动物前肢,令其肱骨与胸椎成钝角。

 工作思考

超声检查保定要点。

(1)保定者的右腕部置于动物前肢至肩部。

(2)在动物两前肢及两后肢之间分别插入食指并夹住保定足部。

(3)观察动物表情,在不增加动物负担的前提下进行保定。

(4)想办法让动物在非保定状态下配合检查。

(5)在保定过程中观察图像,冻结正常影像。

(6)预测接下来要检查的部位,实施正确的保定措施。

 工作考核

真题训练

内容	完成次数及时间	指导老师	被考核人员	是否通过	考核人员
参数设置					
超声准备					
摆位					

任务三　高级影像概述

工作目标

了解电子计算机断层扫描(CT)和磁共振成像(MRI)技术。

课程思政

主题：时代新人。
内容：脑胶质瘤专家——田永吉。

工作内容

一、电子计算机断层扫描

CT 是将 X 射线穿过机体后衰减的部分收集并进行计算机处理的断层扫描成像技术。其优点在于可以从横断面诊断病变，不受周围组织器官遮挡的干扰。不同组织器官的结构密度存在差异，使得穿透组织的 X 射线的衰减程度不同。

扫描方式有如下几种。

(1)平扫：指正常的断层扫描，不需要用造影剂。

(2)增强扫描：指在血管内注射造影剂的扫描，可以提高病变组织与正常组织的密度差，可显示平扫未显示清晰的病变。

(3)造影扫描：指对某一组织结构进行造影的同时做 CT，如脊髓造影 CT、胆囊造影 CT 等。

(4)薄层扫描：适用于观察细节病变。

(5)CT 三维图像重建：指将螺旋 CT 的容积资料在工作站重建，合成三维图像，该图像可 360°旋转，供医护人员从不同角度观察病灶。

由于 CT 是从多角度发射 X 射线进行断层扫描的，因此，CT 的辐射量巨大，工作人员应做好防护工作。

二、磁共振成像

MRI 的原理为：动物体内的氢质子在磁场的作用下从杂乱无章的排列变为规则的排列，释放的电磁能量以无线电波的形式发射出来并转化为 MR 信号由电脑成像。

进行 MRI 检查前，需确认动物体内无植入物，且动物身体表面无任何金属及电磁物品,以防止物品损坏及产生伪影,影响影像判读。

MRI 主要用于中枢神经系统病变的诊断,如脑部退行性病变、脑血管病变、颅内肿瘤、脊髓病变等的诊断。

MRI 检测几乎无辐射。

 工作思考

CT 与 MRI 的比较。

CT 与 MRI 相比较,其主要优点是:对骨性疾病、早期脑出血症状的显示更优,同时成像速度快,器官的运动伪影小;对肺部、肝脏、颅骨等的显示更优;价格低廉(但对机体有一定的危害)。

MRI 与 CT 相比较,其主要优点是:对脑组织无放射性损害,也无生物学损害;可以直接做出横断面、矢状面、冠状面和各种斜面的体层图像;没有CT图像中的伪影;不受骨像干扰;对神经、血管、肌肉等软组织成分的显示更优。

 工作考核

真题训练

内容	完成次数及时间	指导老师	被考核人员	是否通过	考核人员
电子计算机断层扫描					
磁共振成像					

工作岗位六　住　院　部

为保障宠物医院住院部工作的正常开展,规范医疗行为,保证诊疗质量,工作人员应保证住院部干净整洁,做好消毒工作,会使用、维护科室内的设备,熟悉动物入院/出院流程,营造舒适、安全的治疗护理环境。

住院部岗位管理制度与职责

(1) 保证住院部干净整洁,及时做好清扫、消毒工作。
(2) 住院动物的饮食、大小便由主要负责人负责。
(3) 有特殊护理需要的动物,由主治医生负责。
(4) 严格按照要求对住院动物进行护理治疗。
(5) 注意观察住院动物,每日早、晚各对动物测体温一次,认真填写住院护理清单并签字。
(6) 尽可能满足动物家长的要求,对需要特殊护理的动物,应施行 24 h 全程监控,以防止意外情况的发生。如有解决不了的问题,应第一时间通知主治医生。

任务一　入院/出院工作流程

工作目标

掌握入院/出院工作流程。

课程思政

主题:中国精神,中国智慧。

内容:百家说故事——杏林春暖。

工作内容

一、入院流程

(1)经主治医生同意后才可接收动物入院。
应及时确认疾病类型、驱虫情况、免疫情况、住院类型(普通住院、24 h 夜间看护)。
应在前台同家长签署住院协议,令家长缴纳费用(包括当天的治疗费用和住院押金)。
(2)确认住院位置。
猫住院部:用于接收非传染性住院猫、寄养猫。
犬住院部:用于接收非传染性住院犬、寄养犬。
呼吸道病房:用于接收有呼吸道症状的猫。
治疗室:用于接收重症犬猫、术后苏醒犬猫。
(3)通过病历、主治医生的描述,确定住院护理级别。检查并记录动物各项生命体征。
(4)准备用品。
①毛巾(防灰尘,防应激)。
②食盆、水盆。
③对于猫,应准备猫砂盆、猫砂铲。
④收纳盒(内部物品都要标记好动物姓名)。
⑤门牌(注明动物姓名、护理级别、隔离要求、攻击性)。

二、出院流程

家长取完处方上的药物后,兽医助理应告诉家长药物的使用方法和药物疗效。同时要把化验室检查结果告诉家长,让家长知道患病动物的病情。如果化验室结果没有出来,则需要告诉家长结果通知方式及时间,让其耐心等待。将动物家长和患病动物护送至前台,将病例档案交给前台工作人员。最后需对患病动物之前所住的笼子进行打扫与消毒。

工作考核

内容	完成次数及时间	指导老师	被考核人员	是否通过	考核人员
入院流程					
出院流程					

任务二　住院动物日常护理

工作目标

掌握住院动物日常护理的基本内容和方法。

工作内容

一、生理体征检测

所有住院动物的护理重点是生理体征的检测,常规检测应包括体重、体温、心率、呼吸,按照疾病严重程度调整检测频率。体重测量最少每日进行一次,其他检测根据疾病不同按医嘱调整。

二、卫生消毒

应保证所有住院动物体表清洁,尽量保证动物无异味。应及时打扫动物排泄物及呕吐物,及时更换、清洗尿不湿或毯褥等。

三、日常活动

为动物提供干净的食物与水,固定牵遛时间,牵遛时令动物相互避开,建议为动物佩戴两条牵引带。牵遛动物时,视线不可离开动物。

四、三查七对

根据医嘱及处方要求进行相应的操作治疗,严格执行"三查七对"的用药治疗原则。输液过程中应经常查看是否有渗液、漏液的情况;查看动物是否有喘、流鼻涕、焦躁不安、过敏等异常反应,发现异常应及时告知医生。每组药物应尽量保证单独使用,如使用同一个输液壶输注不同药物,应加入隔液防止药物反应。

三查指的是操作前查、操作中查、操作后查,三查的内容为:查药品的有效期、配伍禁忌;查药品有无变质、混浊;查药品的安瓿有无破损,瓶盖有无松动。

七对指的是查对床号、查对姓名、查对药名、查对剂量、查对时间、查对浓度、查对用法。

五、交接

每日应按时进行交接工作,上一班次的工作人员应将动物生理指标、动物精神状态、医嘱、动物用药情况及特殊注意事项等详细告知下一班次的工作人员。交接记录表(参考)如表 6.1 所示。

表 6.1　交接记录表(参考)

岗位		交班人		接班人	
交班时间		接班时间		备注	
交接事宜					
已完成事项					
未完成事项					
需完成事项					

六、护理记录表的填写

应对动物的各项生理体征、活动情况等进行详细记录,每日应及时找医生填写医嘱,并认真填写护理记录表,遇特殊情况应及时填写备注部分并报告医生。

七、其他

检查动物身上的外伤包扎带、尿袋、体表缝合线、引流管、饲管等是否有脱落、渗漏等异常情况。

 工作思考

重症(ICU)动物的护理内容(适用对象为随时有生命危险的患宠)。
(1)严密监测动物体征,包括体温、心率、呼吸频率、血压、脉搏、尿量、饮水量、摄食量/灌食量及大便情况等,做好液体进出记录。
(2)按医嘱用药,随时上报动物情况至接诊医生,接诊医生应根据病情调整治疗方案。
(3)用药期间在旁监视,未用药期间每半小时巡视。
(4)保持动物身体整洁,随时清理动物分泌物及排泄物。
(5)按医嘱为动物喂食或灌食。

 工作考核

真题训练

内容	完成次数及时间	指导老师	被考核人员	是否通过	考核人员
生理体征检测					
卫生消毒					
日常活动					
三查七对					
交接					
护理记录表的填写					

任务三　犬猫胃肠道疾病护理

掌握犬猫胃肠道疾病护理要点及注意事项。

主题：大国工匠。
内容：国之脊梁——屠呦呦。

一、进食情况

在宠物有食欲的情况下，应尽早为其恢复饮食，这有助于动物机体的营养供应，对胃肠道疾病的恢复是有益的。肠内营养供应可以促进动物全肠道蠕动，减少肠道异常蠕动，减少肠套叠等肠道异常蠕动导致的疾病。对于胃肠道手术术后动物，以及处在传染病治疗期、胰腺炎治疗期等的动物，在它们恢复食欲后，应尽早为它们提供肠内营养，而非禁食 24~48 h。

建议少食多餐喂食，每日饲喂 4 次以上，直至动物逐渐恢复正常饮食量。建议饲喂处方粮及其他低脂易消化食物。建议选择令动物摄入小分子蛋白质，这有助于消化及降低肠道负担。

二、呕吐腹泻情况

胃肠道疾病的典型症状为呕吐腹泻，而且不同的呕吐腹泻状况可能预示着不同的疾病，因此，应对动物每次呕吐腹泻的状况做详细记录，如呕吐物的颜色与形状，呕吐与进食的间隔时间，是否有反流等。

三、腹部触诊

每次检测动物生理指标的同时应对其腹部进行触诊，可能会伴有明显的疼痛感。肠套叠、明显的肠道异物及肿大的淋巴结均可通过触诊发现。

四、水合状态

胃肠道疾病通常伴有呕吐腹泻的症状，这意味着机体水分的流失，因此动物会出现脱水的状态。脱水程度及种类不同,输液方式也会有所不同。通过输液调整动物水合状态时,应密切关注动物的状态,如进行快速补液时应关注动物的呼吸和心肺功能。

 工作思考

胃肠道手术术后护理要点。
(1)注意术后疼痛管理和抗生素的使用。
(2)监测电解质、体液和酸碱平衡状况并适当纠正异常。
(3)密切监视动物的临床状态(如动物是否沉郁,有高热,或有严重的疼痛感等)和进行腹部触诊时的反应,检查有无渗漏或脓肿。
(4)为动物佩戴伊丽莎白圈,防止动物舔咬伤口。
(5)术后8~12 h给予动物少量水。
(6)术后12~24 h内,若动物没有呕吐,可以为其饲喂少量食物,最好是低脂易消化的食物。
(7)术后48~72 h,逐渐为动物增加饮食。
(8)应鼓量动物进行运动,减少粘连或肠梗阻的发生。

 工作考核

真题训练

内容	完成次数及时间	指导老师	被考核人员	是否通过	考核人员
犬猫胃肠道疾病护理					

任务四 猫脂肪肝护理

 工作目标

掌握猫脂肪肝护理要点及注意事项。

 课程思政

主题:科学思维。
内容:中国肝胆外科之父——吴孟超。

 **工作内容**

一、可视黏膜颜色

猫有脂肪肝可导致胆红素代谢异常,会出现全身黏膜黄染的现象,应密切关注猫可视黏膜的颜色变化,最好拍照记录。

除胆红素代谢异常会导致黏膜黄染外,再饲喂综合征会导致溶血性贫血,因此,在猫恢复饮食的初期,应关注其黏膜是否为苍白的。

二、鼻饲管

猫的脂肪肝治疗的第一原则是尽早恢复肠内营养,多数肠内营养通过鼻饲管供应,每次喂食后,应及时清理鼻饲管内容物,防止鼻饲管堵塞(建议使用流体或半流体食物)。鼻饲管体外部分较长,应及时检查,防止出现弯折。

鼻饲管是利用缝合线与胶带固定的,因此应注意缝合部位是否牢固,缝合线松脱后可能导致鼻饲管从鼻腔脱出。为防止猫抓挠鼻饲管,需要为其佩戴伊丽莎白圈。

鼻饲管留置时间通常为7天,请注意及时更换鼻饲管。

三、排泄物状态

由于肝脏代谢功能异常,血氨的代谢也可能出现异常,应准确记录猫每日的排便次数,并注意猫有无由高血氨引发的抽搐。

四、进食量

肠内营养的恢复是治疗脂肪肝的关键,在猫恢复饮食的阶段,应严格按照医嘱为其喂食,切勿随意增加或减少饮食量。

 工作思考

猫的具体饲喂方法。

先将食物搅拌,在罐头中加 5~10 mL 水,令搅拌后的食物总量约为 120 mL。刚开始时,每 2 h 饲喂少量温水(15 mL),重复 2~3 次,用以评估猫呕吐的可能性和其胃动力是否达标,之后再逐渐给予猫食物。

 工作考核

内容	完成次数及时间	指导老师	被考核人员	是否通过	考核人员
猫脂肪肝护理					

任务五 猫尿闭护理

工作目标

掌握猫尿闭护理要点及注意事项。

课程思政

主题:吃苦耐劳。
内容:90后女大学生做老年人护理员。

工作内容

一、产尿量的计算

患有尿闭的猫通常伴有脱水的症状,且可能并发肾后性氮质血症,导致肾脏出现损伤,需要靠输液调整水合状态,并应将输液量与产尿量进行对比。如果猫尿量很少,应考虑其输尿管、膀胱、尿道是否出现破裂,并给予造影检查。

二、膀胱充盈程度

猫尿闭短期内易复发,因此,猫排出尿液后,应及时检查其膀胱充盈程度,发现膀胱达到中等充盈时,应及时进行膀胱穿刺放出尿液,避免导致肾后性氮质血症及离子紊乱。

三、膀胱穿刺

膀胱穿刺比传统导尿管导尿更具有安全性,且对猫尿道黏膜及膀胱损伤小,猫的应激反应也相对较少。进行膀胱穿刺时应避开血管,并对穿刺部位进行消毒。用手固定好膀胱位置后再进行膀胱穿刺,建议配合使用镇静和镇痛药物,减少动物产生的应激反应。

四、疼痛及应激状态

应激状态是猫尿闭的发病原因之一,住院可能会加重猫的应激反应,建议使用费洛蒙及猫薄荷等缓解猫的应激状态,同时减少声音和行为的刺激。患有尿闭的猫的膀胱黏膜有不同程度的损伤,导致P物质释放引发疼痛反应。疼痛及应激状态可能导致患猫拒绝排尿及尿道肌痉挛,从而加重病情。因此,在治疗期间应时刻关注动物是否出现应激状态,并触摸动物腹部是否敏感及膀胱是否坚实,选择具有镇痛及镇静效果的药物。

五、呕吐

对于患有泌尿系统疾病的猫,其肾脏无法正常滤过胃泌素并将其代谢排出,大量胃泌素蓄积会产生胃酸导致呕吐。

六、血钾

患有尿闭的猫通常伴有离子紊乱,其中最严重的的是 K^+ 紊乱,该疾病会导致高血钾,过高的血钾通常是致命的,因此应注意可能由高血钾引发的心律失常及四肢麻痹。

七、其他

对于留置导尿管及尿袋的患猫,应格外关注导尿管及尿袋是否有弯折及漏尿的情况出现,且尿袋内的尿液应及时记录并放出。对于排血尿的患猫,应注意血凝块阻塞尿管的情况发生,并注意及时清理血凝块。

患有尿闭的猫的阴茎可能存在坏死、感染及水肿的现象,应留意观察,并减少患猫对阴茎的舔舐及刺激。

工作思考

泌尿道手术护理要点。
(1)应及时监测动物的排尿量。
(2)应及时监测动物尿液的性状(颜色、气味等)。
(3)应及时监测动物的肾功能。
(4)对于留置导尿管的动物,要观察导尿管是否通畅。3~5天后可拆除导尿管,此时要观察动物排尿的动作、尿量、尿色等是否正常。
(5)应及时监测创口周围组织(是否水肿、出血等)。
(6)应及时进行创口处理(主要针对再造的创口,一般先用洗必泰冲洗,后外用红霉素软膏)。

工作考核

内容	完成次数及时间	指导老师	被考核人员	是否通过	考核人员
猫尿闭护理					

任务六　急性肾损伤护理

掌握急性肾损伤护理要点及注意事项。

主题：科学思维。
内容：部分药物容易引发急性肾衰。

一、药物使用

临床上很多常用药物都会导致肾损伤，包括氨基糖苷类抗生素、以乙二醇为溶剂的药物（安定）等。在已确诊为急性肾损伤的病例中应避免使用上述药物，以防止肾脏功能进一步受损。

二、血钾

急性肾损伤可能出现无尿（少尿）期和多尿期，在多尿期，由于尿液大量排出，K^+流失过多，动物可能出现低血钾的状态，因此应关注动物是否出现虚弱无力的症状，及时调整血钾。

三、水合状态

动物在就诊初期多有脱水表现，需进行快速补液，此时必须频繁评估动物水合状态（每1～2 h一次），以判断是否补液良好，是否出现过度水合。评估的指标有皮肤弹性、口腔黏膜湿润度、呼吸频率等，此外还必须监测动物体重（每6～8 h一次），若有过度水合表现，需立即降低输液速度并及时告知医生。待动物状态稳定后，可适当调整监测频率。

四、体温

患有急性肾损伤的动物多伴有脱水及低血容状态，因此可能出现体温较低的情况，应对动物进行保温。

五、胃肠道反应

对于患有肾后性肾损伤的动物,胃泌素无法正常代谢排出,胃泌素大量蓄积会产生胃酸导致动物呕吐。对于患有肾前性肾损伤的动物,低血容量状态会引起胰腺的灌流不足,从而引发胰腺炎,导致呕吐。胃肠道反应是急性肾损伤疾病的预后判断标准之一。

六、产尿量

产尿量可以用于判断患宠是处于无尿(少尿)期还是多尿期,也可用于评估患宠的肾脏代谢功能、水合状态等。产尿量是疾病严重程度的重要判断标准之一。治疗期间,应按阶段计算患宠产尿量,例如计算患宠每 12 h 或 24 h 的产尿量,输液期间的产尿量等。

 工作思考

外科手术常规护理要点。

1. 麻醉后的护理

(1)麻醉苏醒期 2 h 内,需由护理人员对动物实施特级监护。
(2)将动物放置于低平、温暖、柔软的位置。
(3)监测动物呼吸状况。
(4)监测动物可视黏膜情况。
(5)监测动物心跳情况。
(6)给予液体支持。

2. 常规病例护理

(1)监测动物的精神状态。
(2)监测动物的体温、心率、呼吸、脉搏。
(3)记录动物饮食、饮水、排尿、排便情况。
(4)进行创口管理(为动物佩戴保定圈,及时为动物换药)。
(5)进行疼痛管理。
(6)提供营养支持。

 工作考核

内容	完成次数及时间	指导老师	被考核人员	是否通过	考核人员
急性肾损伤护理					

任务七　慢性肾病护理

掌握慢性肾病护理要点及注意事项。

主题：科学思维。
内容：新闻——"苏丹红"喂鸭子，只为蛋黄更好看。

一、血压

机体血压调定点有两处，分别是心脏的主动脉和肾脏的入球小动脉，因此，患慢性肾病的动物的入球小动脉的血压通常是异常的。在患病前期，动物的低血容量状态会掩饰高血压，因此，在调整动物水合状态后，应积极关注其血压值。为猫测量血压时一定要处在合适的环境中，避免应激等影响使猫的血压升高。血压会影响的器官主要包括心脏、肾脏、脑、眼睛。高血压可导致动物眼底出血，严重时会导致动物视网膜脱落，进而造成失明。

二、黏膜颜色

机体造血过程中所需的促红细胞生成素（促红素）由肾脏产生，因此，慢性肾病可能导致促红素的分泌不足及再生障碍性贫血，在日常护理过程中，应检查动物可视黏膜是否苍白，可视黏膜苍白可能提示机体处于贫血状态。促红素有较强的使用依赖性，在使用促红素之后的停药期内，要关注动物是否再次出现可视黏膜苍白的现象。

三、水合状态

慢性肾病的水合状态通常是需要缓慢调整的，此水合状态不像急性肾损伤和胃肠道疾病的水合状态一样容易评估。多数患有慢性肾病的猫通常是长时间处于脱水状态的，在为猫补充水分后，建议使用皮下补液的方式对其水合状态进行调节。

四、饮食

慢性肾病的肾脏滤过功能异常可能导致磷的代谢异常,可能会导致动物继发甲状腺疾病,因此,对于磷的调控是饮食重点关注的问题。目前多数慢性肾病处方粮为低磷饮食,如果未使用处方粮,则应配合使用降磷药物。除此之外,多数患慢性肾病的动物食欲较差,肌肉消耗过多,并伴有蛋白质的丢失,因此应在动物的饮食中多添加蛋白质。

工作思考

肾病动物的护理要点。
(1)急性肾衰时,部分动物处于少尿期,如果输液过度,会造成肺水肿。
(2)输液过程中,应密切监测动物的体重和尿量,当动物体重接近甚至达到原始体重时,须降低输液速度或停止输液(维持量为(尿量+20 mL)/(kg·d))。
(3)当动物处于多尿期时,即使是在输液过程中,体重也可能下降,因此必须增加输液速度,以免动物脱水。

工作考核

内容	完成次数及时间	指导老师	被考核人员	是否通过	考核人员
慢性肾病护理					

真题训练

任务八　胰腺炎护理

工作目标

掌握胰腺炎护理要点及注意事项。

课程思政

主题:科学思维。
内容:新闻——我国急性胰腺炎发病率逐年上升。

工作内容

一、疼痛反应

患有胰腺炎的动物会出现明显的疼痛反应，包括流涎、呼吸加快、身体抖动等。患重度胰腺炎的动物的疼痛感会非常强，因此，即使为动物使用了止疼药物也必须定时观察动物是否有疼痛反应，必要时需要持续为动物输注止疼药物，推荐使用阿片类止疼药物。

二、排泄物状态

患有胰腺炎的动物的消化功能会出现异常，尤其对油脂类食物的代谢会出现异常，因此，患病动物的排泄物中可能会出现油性液体，发现后应及时通知医生，这对于动物疾病恢复及预后判断有所帮助。

三、呕吐

患有胰腺炎的动物的典型症状之一是呕吐，若动物出现持续性呕吐，说明其胃肠功能蠕动异常，需要重点关注肠套叠的发生。同时，胰腺炎继发肾损伤的情况也可能导致动物持续性呕吐。

四、可视黏膜颜色

对于患有胰腺炎的动物，需要对其并发症予以足够的重视，重度胰腺炎可能导致全身炎症反应综合征等严重全身性疾病，这些疾病可能导致可视黏膜颜色发生改变。如果发现动物可视黏膜颜色发生变化，应及时告知医生进行针对性治疗，并注意修改治疗方案。

工作思考

预防胰腺炎的措施。

1. 猫的预防措施

（1）保证及时接种疫苗。
（2）不要进行非处方治疗。
（3）在养猫的环境中谨慎使用杀虫剂，特别是有机磷杀虫剂。
（4）关注猫咪的饮食、体重和运动情况。

2. 犬的预防措施

（1）不要让犬超重。
（2）避免高脂饮食。
（3）避免给犬食用人类餐桌上的残羹，因为它们不能适应人类的饮食。
（4）让犬远离垃圾。

工作考核

内容	完成次数及时间	指导老师	被考核人员	是否通过	考核人员
胰腺炎护理					

真题训练

任务九　牙科手术护理

 工作目标

掌握牙科手术护理要点及注意事项。

 课程思政

主题:科学思维。
内容:全国爱牙日的宣传。

 工作内容

一、口腔的消毒

口腔属于污染环境,所有的口腔操作都应注重卫生,除术前的消毒外,术后的消毒也至关重要,这可以有效避免口腔感染。建议每餐后均为动物使用口腔消毒剂(如洗必泰等,不建议使用常规漱口水或洁牙粉),尽量消毒冲洗整个动物口腔,并对操作部位进行重点消毒。

二、牙齿颜色

个别操作可能会对牙根造成损伤,术后应仔细观察受损牙根的牙冠是否出现颜色变化,这可能提示牙根损伤导致的牙髓炎。

三、伤口愈合

对于缝合处牙龈,牙龈张力及游离性都较差,动物在苏醒后可能会频繁舔舐缝合线。

因此，缝合时建议使用较细的圆针，且术后应关注伤口愈合情况和缝合线是否松脱。

四、进食

对于全口拔牙及下颌骨骨折修复等对口腔损伤较大的操作，建议在术后通过咽饲管饲喂动物，这可以显著减少口腔污染。

对于拔牙、齿冠修补等口腔操作，建议在术后使用流食饲喂动物，以减少动物牙齿的使用，动物进食后，应及时对其口腔进行冲洗消毒。

工作思考

动物牙齿定位编号系统的应用。

利用改良 Triadan 系统，将口腔分为四个象限，面向动物以顺时针方向观察，起于右侧上颌骨，止于右侧下颌骨，每个牙齿都用一个三位数表示，第一个数字代表牙齿所在齿弓的位置和该牙齿是乳齿还是永久齿，第二、第三个数字代表牙齿从下颌中线起向外的排序，恒齿用区间数 1、2、3、4，而乳齿用区间数 5、6、7、8。

工作考核

真题训练

内容	完成次数及时间	指导老师	被考核人员	是否通过	考核人员
牙科手术护理					

任务十　骨科手术护理

工作目标

掌握骨科手术护理要点及注意事项。

课程思政

主题：科学思维。
内容：中国工程院院士——戴尅戎。

 **工作内容**

一、伤口愈合

骨科手术对术部肌肉及周围组织的损伤相对严重,动物在术后可能出现术部肿胀现象,应及时对术部进行热敷,以避免肿胀的形成。对于个别骨科手术,可能需要留置引流管,应对引流管及时进行消毒处理,避免伤口感染。骨科手术后10～14天才拆线,应注意线道是否感染。对于使用植入物的骨科手术,需要注意植入物是否外露,如髓内针是否从皮肤穿出等。

二、疼痛管理

骨科手术的疼痛级别为中度至重度,因此,术中及术后的疼痛管理尤为重要。建议使用阿片类药物配合非甾体类药物镇痛。对于重度疼痛,可以为动物留置镇痛导管。

三、循环障碍及神经反射

骨科手术对术部组织损伤较大,可能影响周围血供,导致肢端血液循环障碍。外固定肢体包扎操作不当也可能导致肢端血液循环障碍使肢端肿胀,长时间的循环障碍可能导致肢端坏死,对此应经常检查肢端是否出现肿胀及观察肢端皮肤黏膜的颜色。此外,还应关注患部附近的神经反射情况,如疼痛反射情况、本体反射情况等。

四、复健

骨科手术的术后复健与手术同样重要,合理的复健可以使动物恢复得更快,也可以防止动物肌肉萎缩。

多数骨科手术支持动物在术后正常运动,但对于内固定手术,动物在术后应减少运动量。对于因四肢骨折而做手术的动物,应减小患肢的负担。

 工作思考

骨科手术护理要点。
(1)注意防止动物感染。
(2)采用合理的外固定措施。
(3)可结合使用物理疗法(冷敷、热敷)。
(4)可结合使用被动物理疗法(在不影响患肢的前提下活动关节及肌肉)。

 工作考核

内容	完成次数及时间	指导老师	被考核人员	是否通过	考核人员
骨科手术护理					

股骨中断长斜骨折的修复(微课)

大转子骨折的修复(微课)

股骨骨折通路(动画)

真题训练

任务十一　眼科手术护理

工作目标

掌握眼科手术护理要点及注意事项。

课程思政

主题:科学思维。
内容:衣原体之父——汤飞凡。

工作内容

一、眼压

眼科手术后,动物颈部周围使用的紧密仪器可能会暂时阻塞颈静脉,增加眼压,恶化眼部病变。对于眼压可能增高的动物,必须每小时为其测量眼压。正常动物的眼压为15～22 mmHg,如果读数超过35 mmHg,则需要进行紧急治疗,否则可能会使动物眼底出血、视网膜脱落,甚至产生永久性视神经损伤。眼压增大的临床症状包括眼部疼痛、瞳孔反射消失、瞳孔扩大和眼球增大等。

二、失明动物的护理

丧失视力的动物在不熟悉的环境中会变得紧张并具有攻击性,要确保它们不会在笼子里陷入恐慌或因失明而受到二次伤害。在靠近和接触丧失视力的动物之前,要先对其进行安抚,避免突然的声响或触碰,以防止动物受到惊吓或攻击医护人员。

三、眼部镇痛

几乎所有的眼科操作都会使动物处于焦虑和恐惧状态。动物过于恐惧可能会使检测结果不准确,因此,有时需考虑动物眼部的镇痛。

四、眼部并发症

对于眼科疾病,最易发生的并发症为干眼症,因此,多数眼科疾病患宠在治疗期间会使用滴眼液。除干眼症外,高眼压、眼部感染也是常见的眼科并发症,应引起关注。使用滴眼液时,应令滴眼液悬垂于眼球上方,切勿令其直接接触眼部造成污染。

泪液测试（微课）

犬眼球解剖（动画）

犬白内障（动画）

慢性浅表性角膜炎（动画）

犬眼球脱出的诊治（动画）

眼部给药（微课）

荧光素染色（微课）

工作思考

白内障患宠护理要点。
(1)遵照医嘱(用药次数及种类)用药。
(2)及时监测各项指标:①眼内压监测;②眼表监测;③前房监测;④视力检查。

鼻泪管清洗
(微课)

 工作考核

内容	完成次数及时间	指导老师	被考核人员	是否通过	考核人员
眼科手术护理					

真题训练

工作岗位七　药　　房

在药房工作,最重要的就是细心。工作人员照方取药之前,应严格执行"三查七对",仔细核对动物姓名、药物种类、药物浓度、药物剂量、服用时间等内容;而且应熟悉处方中药物的缩写,并在药品容器上贴好标签,告诉客户如何、何时给患病动物使用这些药物。照方取药时出错会危及患病动物的健康甚至威胁其生命。

药房岗位管理制度与职责

(1) 按时上下班。
(2) 药房管理员不得轻易接触患宠。
(3) 其他人员未得到药房管理员的允许不得进入药房。
(4) 必须每日为药房清洁消毒。
(5) 保证药品按类整齐排放。
(6) 清楚药房药品库存,并定期更新。
(7) 每日做好药物支出记录。
(8) 熟悉药品摆放位置。
(9) 熟悉药品的价格、规格、用量、保质期等信息。
(10) 药房管理员不得擅自离开自己的工作岗位。
(11) 整理好存根单。

任务一　门诊动物针剂配药流程

工作目标

掌握门诊动物针剂配药流程。

课程思政

主题:法治中国。
内容:正确使用针剂,守护动物健康。

工作内容

门诊动物针剂配药需要按照严格的操作流程进行,稍有马虎,就可能会导致不可挽回的结果。

1. 准备工作

(1)确认药物名称、规格、剂量、使用频率。
(2)确认药物是否有特定的注射形式(如肌肉注射)。
(3)确认药物已收费,处方与收费单上的项目应一致。

2. 按照处方配药

(1)取出指定规格的药物。
①对于粉剂,需要按规定用指定量溶液将其稀释,注意写好日期,药物必须在冰箱中冷藏保存。
②对于存放在安瓿瓶中的药物,需小心打开安瓿瓶取药。
(2)抽取药物。
①选取最适宜大小的注射器抽取指定量的药液(0.5 mL 以下的药液可用 1 mL 的注射器,0.5~1 mL 的药液可用 1 mL 的注射器或 2 mL 的注射器,1~2.5 mL 的药液可用 2 mL 的注射器,2.5 mL 以上的药液可用 5 mL 的注射器)。
②拆开注射器的包装前,要捏紧针头与针管的连接处。
③抽药时尽量不要说话;注意对西林瓶口消毒;勿接触钢针。
④对于悬浊液,应摇匀后再抽取(如速诺、狄波美针剂)。
(3)贴标签。
将写有动物姓名、药物名称、药物剂量、药物注射方式等的标签贴在针体,对于皮下针剂,应在指定位置画上"＝",将针体放置在干净的肾形盘内。
(4)注射前准备。
①必要时准备抗凝针或头皮针(黑/紫),注意确保留置针的通畅性。
②准备足够的酒精棉(不要太湿)。
③再次核对处方,并签字。
④将所有药物交给前台/药房负责人核对。

3. 注射药物

(1)与宠物家长确认动物姓名。
(2)根据动物性情,选择保定人员。

(3)实施注射。

①若要多次注射静脉针,则在每次注射前应用少量无菌生理盐水针/抗凝针冲管。

②一处健康的皮肤位置,只能注射一次皮下针剂。注射位置应间隔3~6 cm。

4.注意事项

①注射联苗、狂犬疫苗前,应先告知家长免疫后注意事项。

②疫苗注射完成后,令动物留院观察半小时。告知家长动物急性过敏的可能,并准备好应对措施。

③按免疫程序要求,与家长约定大致的免疫注射日程。

④安抚宠物,勿让其抓挠注射位置,勿损坏留置针。留置针不能长时间放置,应根据治疗需要进行定期更换或拆除。

 工作思考

特殊药品的使用(参考)。

(1)甘露醇。

给药前应保证结晶完全溶解(可放在80 ℃以下的水中),一般在半小时内完成给药。

(2)钡餐。

按比例配制(200 g/袋),见表7.1。

表7.1 钡餐配比

浓度	140%	160%	200%	220%
加水量/mL	96	80	56	46
总液量/mL	140	124	100	90

(3)胰岛素。

①长效胰岛素。不能用于静脉注射,使用前应摇匀(放在双手间缓慢搓动,切忌上下剧烈摇动)。

②短效胰岛素。将短效胰岛素加至250 mL的液体中,轻轻混匀。

(4)胃复安。

按1~2 mg/kg配制,按0.01~0.02 mg/(kg·h)的速度缓慢静滴,避光保存。

病灶周围
封闭法
(微课)

 工作考核

真题训练

内容	完成次数及时间	指导老师	被考核人员	是否通过	考核人员
门诊动物针剂配药流程					

任务二　口服药配药流程

掌握口服药配药流程。

主题:科学思维。
内容:一分钟读懂备急千金要方。

口服药可以由家长在家为动物进行投喂,这既给家长带来了便利,也减少了动物频繁进出医院带来的应激。下面介绍门诊口服药配药流程。

1. 准备工作

(1)确认药物名称、规格、剂量、使用频率。
(2)确认药物剂型(胶囊/粉剂)。
(3)确认药物已收费,处方与收费单上的项目应一致。

2. 按照处方配药

(1)取出指定数量、指定规格、指定剂型的药物。
(2)加工药物。
①用铝箔纸包装兽用药(防潮)。
②可将一般奥美拉唑胶囊分为小胶囊。
③对于肠溶片(奥美片剂、硫氮磺嘧啶片剂),可以切割,但不能磨碎。
④对于小体型的犬猫,可将特定药物(1种或以上)磨成粉,并用包药纸或胶囊分装。
⑤可将一般多西环素胶囊分为小胶囊(也可用包药纸分装)。
⑥制作速度要快,并确保药包数量正确。
(3)在药袋上填写以下项目。
第一行:动物姓名、给药方法。
第二行:给药频率、给药剂量。
第三行:给药时间、给药注意事项。
(4)再次核对处方并签字。
(5)将所有药物交给前台/药房负责人/药房管理员核对。

3.注意事项

(1)注意与宠物家长确认好动物姓名。
(2)将药袋上的内容叙述给宠物家长,必要时可进行演示。
(3)用药注意事项如下。
①胶囊内的粉剂可能有苦味,其不适合与猫粮混合。
②动物服用多西环素后,需要为其喂水 6 mL。
③动物大便正常或 24 h 内无排便时,可停用止泻类药物(如普乐高宁)。
④若原本便秘的犬猫突然腹泻,应及时联系医师,咨询停药/减药量事宜。
⑤动物口服抗生素类药物后有腹泻、呕吐的可能。
⑥为猫投喂药片后,应至少为其喂水 3 mL。

内容	完成次数及时间	指导老师	被考核人员	是否通过	考核人员
口服药配药流程					

任务三 常见药品的规格、用量及用法

掌握常见药品的规格、用量及用法。

主题:吃苦耐劳的精神。
内容:《本草纲目》的成功问世。

动物医院药房内药品的种类非常多,它们的保存方法、保存温度、用量、用法等相差巨大,有时同一种药也可能存在不同的规格,工作人员应正确识别医院内所有药物的名称、规格、用量、用法和注意事项等内容。常见药品的规格、用量及用法如表 7.2 所示。

表 7.2　常见药品的规格、用量及用法

药品名称	规格	用量	用法
氨苄西林	0.5 g:2 mL	0.2～0.4 mL/kg	iv,sc
青霉素	0.48 g(80万单位):2 mL	0.125～0.25 mL/kg	iv,sc
链霉素	1 g(100万单位):2 mL	0.02 mL/kg	iv,sc
阿米卡星	2 mL:0.2 g	0.1～0.15 mL/kg	iv
利巴韦林	1 mL:0.1 g	0.1～0.15 mL/kg	im,iv
穿琥宁	2 mL:40 mg	0.2～0.4 mL/kg	im,iv
尼可刹米	1.5 mL:0.375 g	0.5～2 mL/次	sc,iv
阿托品	1 mL:0.5 mg	0.06～0.1 mL/kg	sc,im,iv
庆大霉素	8万单位:2 mL	0.125～0.25 mL/kg	sc,iv
爱茂尔	2 mL	1～2 mL/次	sc,im
西咪替丁	2 mL:0.2 g	0.05～0.1 mL/kg	sc,iv
利多卡因	5 mL:0.1 g	犬:0.05～0.2 mL/kg 猫:0.125～0.375 mL/kg	iv
生脉	10 mL	2～4 mL/kg	im,iv
双黄连	20 mL	1 mL/kg	iv
胞磷胆碱	2 mL:0.25 g	2～4 mL/次	iv
茵栀黄	10 mL	10～20 mL/次	iv
头孢唑林钠	0.5 g:2 mL	0.1～0.2 mL/kg	sc,iv,im
头孢曲松	1.0 g:4 mL	0.08～0.32 mL/kg	sc,im,iv
雷尼替丁	2 mL:50 mg	0.12～0.25 mL/kg	iv
呋塞米	2 mL:20 mg	0.125 mL/kg	iv
马来酸氯苯那敏	1 mL:10 mg	0.2～0.4 mL/kg	im
葡醛酸钠	2 mL:0.133 g	1～2 支/次	im,iv
多巴酚丁胺	2 mL:20 mg	0.2～0.4 mL/次	iv
缩宫素	1 mL	5～10 单位/次	im
肌苷	2 mL:0.1 g	0.5～1 mL/次	po,im
ATP	2 mL:20 mg	1 mL/kg	iv
VC	2 mL:0.5 g	0.2 mL/kg	iv
VB1	2 mL:100 mg	1～2 mL/次	iv
VB6	2 mL:0.1 g	1～2 mL/次	iv
VB12	1 mL:0.5 mg	1～2 mL/次	iv
VK1	1 mL:10 mg	1～3 mL/次	iv
止血敏	2 mL:0.5 g	2～4 mL/次	iv,im
50%的葡萄糖	20 mL:10 g	—	po

续表

药品名称	规格	用量	用法
葡萄糖酸钙	10 mL:1 g	—	iv
VK3	1 mL:4 mg	2~4 mg/次	sc,iv
碳酸氢钠	10 mL:0.5 g	0.3~1 mL/kg	iv
KCl	10 mL:1 g	—	iv
复合 VB	10 mL	2~4 mL/次	iv
氨茶碱	2 mL:0.25 g	0.5~1 mL/次	iv
地塞米松	1 mL:5 mg	0.1 mL/kg	iv
氢化可的松	2 mL:10 mg	5~10 mg/次	im
肾上腺素	1 mL:1 mg	犬:0.1~0.5 mL/次 猫:0.1~0.2 mL/次	im
巴比妥	2 mL	小体型动物:0.3~0.5 mL/次 大体型动物:5~10 mL/次	sc,im
胃复安	1 mL:10 mg	0.2~0.5 mL/kg	sc
柴胡	2 mL	2 mL/次	im
清开灵	10 mL	0.2~0.4 mL/kg	sc,im
奥芬达(达信)	0.1 g	10 mg/kg,连用 3 天	po
杜虫安	—	—	po
拜宠清(犬)	0.7765 g	—	po
拜宠清(猫)	—	—	po
三氮脒(血虫净)	20 mL:3 g	0.08 mL/kg	im
科信(磺胺间甲氧嘧啶片)	0.5 g	50 mg/kg,1 次/天,连用 5 天	po
D-800 驱虫药	—	—	po
诺普星 57	57 mg	—	po
诺普星 11	11.4 mg	—	po
长效土霉素	50 万单位:10 mL	0.2 mL/次	im
盐酸多西环素片(咳喘宁)	50 mg	5 mg/kg	po
安络血片	25 mg	1~2 片/次	po
甲硝唑片	0.2 g	1 片/次	po
头孢氨苄片	0.2 g	1~2 片/次	po
VC 片	0.1 g	30~40 mg/kg,4 次/天,连用 7 天	po
复合 VB 片	—	犬:1~2 片/次 猫:0.5~1 片/次	po
葡醛内酯片(肝泰乐)	50 mg	50~200 mg/次,3 次/天	po
复合甘草片	—	1~2 片/次,3 次/天	po

续表

药品名称	规格	用量	用法
枯草杆菌	1 g	1 袋/次,1～2 次/天	po
蒙脱石散(思密达)	3 g	250～500 mg/kg	po
阿苯达唑片	0.2 g	20～50 mg/次,2 次/天	po
奥美拉唑	40 mg	—	iv

工作考核

内容	完成次数及时间	指导老师	被考核人员	是否通过	考核人员
常见药品的规格、用量及用法					

真题训练

工作岗位八　手　术　室

手术最重要的原则是保证无菌操作,这要求医生与患病动物接触时,必须对所有事物保持高度的警觉性。在准备患病动物、打开手术包和穿手术衣的过程中,无菌操作都占首要地位。另外,在清洗器械和准备手术包的过程中,无菌操作也非常重要。在任何一个环节中未做到无菌操作都有可能导致患病动物感染、痊愈时间延长和死亡。在外科手术室工作需要具备较强的专业能力、注重细节的品质。手术的成功在很大程度上依赖于技术娴熟的兽医助理对患病动物的护理和对医生的协助。

手术室岗位管理制度与职责

(1)人员进出须穿拖鞋,着工作服。
(2)除日常打扫消毒外,每次手术前后也要进行打扫消毒,包括对墙壁、地面、手术台、垃圾篓等的打扫消毒。
(3)保证在每次手术前对器械进行消毒。
(4)手术后,对手术器械进行清洗、消毒、打包。
(5)记录手术室中各物品的数量,及时更换损坏物品并做记录,缺货时应及时通过库房补货或通知库房进货。
(6)按规定使用各种器械,以免损坏器械。
(7)做好手术记录及器械使用记录。

任务一　麻醉前准备

工作目标

掌握手术器械准备工作,熟悉常用仪器,并能对动物进行较准确的体况评估和纠正。

📢 课程思政

主题:科学思维。

内容:华佗——中医外科鼻祖,世界上麻醉疗法最早的使用者。

📝 工作内容

一、手术器械准备

1. 手术器械的清洗

清洗器械的步骤如下。

(1)先清洗掉器械上肉眼可见的碎屑。

(2)再用超声波机或刷子对器械进行清洁。

(3)烘干器械。

注意,清洗过程中需打开器械锁扣,应避免使用自来水,尽量使用蒸馏水或去离子水,以减少器械腐蚀。

2. 手术器械的消毒

高压蒸汽法的操作流程如下。

(1)加水,没过高压锅的警戒线。

(2)加入消毒器械,关闭高压锅的盖子并拧紧螺母,关闭安全阀。

(3)通电。

(4)打开放气阀,排出冷空气(5~8 min)。

(5)排气后关闭放气阀,加热至120 ℃,气压约为0.15 MPa,持续15 min。

(6)断开电源,自然冷却后打开盖子。

3. 器械及耗材的准备

(1)器械的准备。

常规软组织外科手术包(16把器械):1把持针器、1个刀柄、1个无齿镊、1个有齿镊、2把直止血钳、2把弯止血钳、1把尖剪、1把钝剪、4把巾钳、2把组织钳。

常规牙科器械包(10把器械):1把牙科探针、1把龈下刮治器、1把牙龈剥离器、1把根上刮治器、2把牙挺、1把口腔牵拉器、1把结石钳、2把拔牙钳。

(2)耗材的准备。

手术衣、手术帽、口罩、手套、鞋套、纱布、绷带、保定绳、气管插管、咽喉镜、注射器、消毒剂、刀片、缝合线、加热垫、推子、吸毛器、无影灯、电刀、吸引器等。

二、常用仪器介绍

1. 氧流量计

控制氧气流速为0.1~0.2 L/kg/min(不低于0.25 L/min),允许气体绕过挥发罐直接通过气体出口进入麻醉回路。

浮标式氧流量计以浮标上缘刻度为准,浮球式氧流量计以浮球中间最宽处刻度为准。

2. 挥发罐

挥发罐可将麻醉剂变为气态的。在麻醉剂中添加一定数量的氧气,将混合气体以确定的比例输送给麻醉动物。挥发罐内添加的必须是规定的麻醉药,术前应检查挥发罐内麻醉剂的剩余量。

3. 安全阀(APL 阀)

安全阀的废气出口有三种状态。

(1)全关闭:用于检测麻醉机的气密性。

(2)全开放:可尽可能减少废气复吸量,增加麻醉剂挥发量。

(3)半开放:可节约麻醉剂,适当的 CO_2 被复吸可刺激动物的呼吸中枢,避免动物麻醉过度。

4. 呼吸回路

呼吸回路有两种模式,分别适用于不同情况下的动物。两种模式的对比如表 8.1 所示。

表 8.1 呼吸回路的两种模式对比

项目	循环模式	直流模式
设备成本	高(可重复使用)	低(寿命短,易更换)
复杂性	需定期进行气密性检测	构造简单,易于安装
经济性	低 O_2 流量,节省麻醉剂	高 O_2 流量,浪费麻醉剂
废气污染	较少	较多
麻醉强度	较低	高

5. 气道压力表

气道压力表用于显示呼吸回路气道的压力值。

6. 钠石灰罐

常用于复吸式回路,需要定期更换。正常情况下,钠石灰的颜色为粉红色,如果发现钠石灰变为灰白色,需要及时更换。

7. 监护仪和血压仪

监护仪和血压仪用于术前术后动物状态检测,它们应保持电量充足,避免电磁干扰,探头接触面应尽量保持湿润。

三、体况评估

1. BCS

下面以 9 分制系统下犬的体况评估为例进行介绍。

需要检查犬的脂肪沉积情况和骨骼情况,具体包括以下三方面内容。

(1)肋骨评价:双手拇指放于犬的脊柱处,伸展双手于犬的肋弓处,试着感受肋骨

(2)轮廓评价：检测犬的外形轮廓,观察犬肋弓后的腹部位置。

(3)头顶检查。

评分标准如下。

(1)太瘦。

BCS1:消瘦。在一定距离处观察,犬的肋骨、腰椎、盆骨和所有骨骼突起明显,无可视脂肪存在,肌肉量明显较少。

BCS2:非常瘦。容易看到犬的肋骨、腰椎和盆骨,犬无可触及的脂肪,骨骼有一些突起。

BCS3:体重过轻。肋骨容易触及且可视,无可触及的脂肪。腰椎上部可视。盆骨突起。腰部和腹部皱褶明显。

(2)理想。

BCS4:苗条。肋骨容易触及,少量脂肪覆盖。腹部皱褶明显。

BCS5:理想。肋骨可触及,无过多脂肪覆盖。从侧面观察时可见犬的腹部收起。

(3)超重。

BCS6:超重。肋骨可触及,脂肪覆盖较多。腹部皱褶可见。

BCS7:过重。肋骨触及困难,脂肪覆盖过多。腰区和尾根处脂肪沉积明显。腰部不可见或勉强可见。

(4)肥胖。

BCS8:肥胖。肋骨无法触及,或施加一定压力可触及。腰部和尾根脂肪沉积过多。腰部不可见。腹部无皱褶。腹部可能出现明显膨大。

BCS9:严重肥胖。胸部、脊柱和尾根处脂肪过度沉积。腰部和腹部皱褶缺失。颈部和四肢脂肪沉积。腹部明显膨大。

2. 脱水评估

具体见前文。

3. 疾病诊断

应该尽可能全面地对动物进行诊断,以预估麻醉风险及麻醉后病情的发展。

(1)病史调查。

生活环境、采食量、既往病史、已实施的治疗方案及疗效等。

(2)体格检查。

体温、体重、心率、呼吸、血压、CRT等。

(3)实验室检查。

血液生化、血常规、血气、凝血、尿常规、心脏超声、心电图。

4. ASA 健康分级

ASA 分级标准如表8.2所示。

表8.2 ASA 分级标准

分级	描述
1	正常、健康
2	患有轻度全身性疾病

续表

分级	描述
3	患有严重全身性疾病
4	患有中度全身性疾病并随时威胁到生命
5	已处于濒死状态,如果不实施手术,则可能无法生存
6	已脑死亡

四、体况纠正

1. 脱水状态的纠正

可根据动物脱水状态计算补液量,公式为

$$补液量 = 脱水量 + 每日维持量 + 进行丢失量$$

应在12～48 h内纠正脱水状态,同时应注意检测动物的呕吐、腹泻状态,及时记录动物尿量,用于计算进行丢失量。

2. 低血容量状态的纠正

可利用平衡液或胶体液纠正动物低血容量状态。

若动物处于严重低血容量状态,需考虑输血治疗。

3. 酸碱平衡及离子紊乱的纠正

应根据血气分析结果及时调整动物输液方案,对于危重病例,需反复进行调整。

4. 心血管疾病的纠正

(1)高血压:根据病因选择合适的降压药物(氨氯地平、贝那普利、替米沙坦等)调控血压。

(2)低血压:根据病因纠正水合状态及低血容量状态,然后使用升压药物(多巴胺、多巴酚丁胺等)。

(3)心脏疾病:根据心脏超声结果调节心输出量,可使用强心苷药物(匹莫苯丹、地高辛等)。

5. 其他疾病的纠正

若动物患有与灌流不足相关的疾病(如肾损伤、胰腺炎等),则应在术前及术中为动物给予足量的液体灌流。

对于ASA 3级及以下的动物,应先纠正水合状态。

高压蒸汽灭菌锅的使用(微课)

吸入麻醉机的使用(微课)

> **工作思考**

复合麻醉的概念。

复合麻醉指同时或先后使用两种或两种以上麻醉剂及相关辅助药物,这解决了单一麻醉方法用药量大、副作用多的问题,可使镇痛效果良好、动物肌肉松弛、动物生理功能稳定。复合麻醉还可充分利用各种麻醉药物的优点,大大提高围术期的安全性。

工作考核

内容	完成次数及时间	指导老师	被考核人员	是否通过	考核人员
手术器械准备					
体况评估					
体况纠正					

真题训练

任务二　麻前用药和诱导麻醉

 **工作目标**

掌握动物麻前用药的种类、诱导麻醉的步骤。

 **课程思政**

主题：科学思维。
内容：一分钟读懂《大医精诚》（孙思邈）。

 工作内容

一、麻前用药

1. 镇静药物

抗焦虑药物能够显著降低诱导麻醉剂及维持麻醉剂的使用量，使动物在麻醉前后处于平稳状态。

（1）吩噻嗪类药物（乙酰丙嗪）：低血容量、低血压、凝血功能不全动物慎用。

（2）苯二氮䓬类药物（地西泮、唑拉西泮、咪达唑仑）对健康动物的镇静效果不佳（可能会使动物兴奋），但对幼年、老年动物及虚弱的患病动物可起到较好的镇静效果。

（3）激动剂（右美托咪定）对健康及年轻动物可起到较好的镇静效果。

2. 镇痛药物

（1）阿片类药物。手术首选镇痛药物，镇痛效果相对较好，但持续时间较短，多数药物持续时间为 2~6 h，常用的有吗啡、布托啡诺、丁丙诺啡、羟吗啡酮、芬太尼、瑞芬太尼。

(2)人工合成阿片类药物。如曲马多、地佐辛。

(3)非甾体抗炎药。如痛立定、美洛昔康,不建议术前使用此类药物。

(4)局部镇痛药。如利多卡因、普鲁卡因、布比卡因。

3. 预防性抗生素

如手术条件、动物状态及手术类型可能导致感染,建议配合使用一些预防性抗生素。

4. 抗胆碱能药

如阿托品(会影响心率,不建议在常规手术前使用)、格隆溴铵。

二、诱导麻醉

使用麻前用药后,需要推注诱导麻醉剂使动物进入诱导麻醉状态。常用诱导麻醉剂有丙泊酚、依托咪酯等。

(1)丙泊酚。静推时会使动物疼痛,可配合使用利多卡因缓解疼痛,其为脂溶性药剂。

(2)依托咪酯。对心血管影响最小,但可引起呕吐反应。

 工作考核

内容	完成次数及时间	指导老师	被考核人员	是否通过	考核人员
麻前用药					
诱导麻醉					

真题训练

任务三　特殊体况动物麻醉方案

 工作目标

掌握特殊体况动物麻醉方案的设计与实施方法。

 课程思政

主题:科学思维。
内容:全国"五一劳动奖章"获得者——葛均波。

 工作内容

动物麻醉方案并不是一成不变的,需要根据动物的体况制定。

(1)不同肥胖程度的动物应用不同的方案。

正常体型动物的机体脂肪含量正常,应按体重使用正常量的麻醉药物。

肥胖动物的机体脂肪含量较多,应按体重使用相对较多的麻醉药物。

偏瘦动物的机体脂肪含量较少,应按体重使用相对较少的麻醉药物。

(2)特殊犬种用药注意事项。

拳师犬禁用乙酰丙嗪,柯利犬慎用乙酰丙嗪等。

(3)心血管疾病动物用药注意事项。

丙泊酚具有明显的心血管抑制作用,但持续时间较短,且该抑制作用是可逆的。依托咪酯几乎无心血管抑制作用,相对安全,对于患有心血管疾病的动物,在麻醉诱导期建议使用依托咪酯。

①二尖瓣闭锁不全:使用小剂量的乙酰丙嗪可降低动物心脏后负荷,也可配合使用抗胆碱能药物适当增加动物心率。

②扩张性心肌病:犬常见心肌性疾病,犬一侧或双侧心室收缩功能受损,心脏泵血功能降低,因此应降低心脏前负荷,可减少输液量并适当使用抗胆碱能药物增加心输出量。

③肥大性心肌病:猫常见心脏病,特征是心室的向心性肥大和心室腔变小,患该病的动物的心肌收缩力和泵血功能正常,心室舒张后的容积变小会引起心排血量和灌流量的降低,麻醉时需要防止动物心动过速导致心室充盈时间降低,应禁用增加心率或提高心肌收缩力的药物。

(4)泌尿系统疾病动物用药注意事项。

对于患有泌尿系统疾病的动物,应注重疼痛管理,应减少动物应激和疼痛导致的血管收缩。建议使用阿片类药物。非甾体类药物可使入球小动脉收缩,不建议使用。

(5)肝脏系统疾病动物用药注意事项。

几乎所有麻醉用药都通过肝脏代谢,因此应选用作用时间较短并具有拮抗剂的药物。

肝脏系统疾病及腹水可能抑制膈肌的运动影响动物换气,术中应严格检测动物呼吸状态。肝脏系统疾病也可能引起血氨的代谢障碍。苯二氮䓬类药物是肝脏系统疾病动物的推荐镇静剂,但是苯二氮䓬类药物的代谢时间相对较长,因此应减少使用剂量并配合使用拮抗剂。

(6)妊娠动物用药注意事项。

麻醉时应给予动物足够的氧气支持,应为动物预吸氧,并在麻醉维持期为动物提供稍高的氧流量。多数麻醉用药会透过胎盘屏障作用于胎儿,建议使用局部麻醉药物对动物进行硬膜外麻醉,这样可以明显降低疼痛感且不会影响胎儿。

(7)休克动物处理措施。

对任何休克动物都不应该实施麻醉。

工作考核

内容	完成次数及时间	指导老师	被考核人员	是否通过	考核人员
特殊体况动物麻醉方案					

任务四　麻醉监护

工作目标

掌握动物麻醉状态分期,熟悉麻醉流程及监护指标,掌握麻醉意外的急救方法。

课程思政

主题:职业精神。
内容:麻醉无小事。

工作内容

一、概述

所有麻醉相关药物都具有一定的危险性,在术前根据动物体况制定相对合适的麻醉方案只是第一步,更重要的是,要根据术中动物所处的状态对各项生理指标进行监护并对方案做出相应调整,使动物机体始终处于最适麻醉状态。需要准备完整的麻醉记录表在术中使用,需监护的生理指标(或项目)包括:心率、呼吸、血压、血氧饱和度、呼吸末二氧化碳分压、心电图、体温等。

所有指标在术中都应保持相对稳定的状态,任何一项指标发生改变,工作人员都应迅速做出反应:

(1)检查仪器是否连接异常或出现故障;
(2)是否有由操作不当或其他因素导致的可预见性改变;
(3)动物体处于不适当的麻醉状态时,应及时做出调整。
注意,麻醉状态调整永远优于手术操作。

二、麻醉状态分期

(1)浅表麻醉期:肌肉开始松弛,吞咽动作、眼球颤动、眼睑反射仍存在,眼球处于中间位置。诱导麻醉期所处的状态。

(2)手术麻醉期:肌肉松弛度良好,吞咽动作、眼球颤动、眼睑反射消失,眼球转到腹侧,肛门肌肉松弛。手术维持期间所处的状态。

(3)深度麻醉期:肌肉进一步松弛,无任何反射,心率、血压等指标明显改变,呼吸微弱或停止。麻醉较深,处于危险状态,应立即停止手术进行抢救。

三、麻醉流程

(1)进行麻醉动物的体况评估。
(2)进行麻醉动物的体况纠正。
(3)制定麻醉方案。
(4)执行手术室准备工作。
(5)实施复合麻醉。

四、手术期监护

监护原则为保证所有指标保持相对恒定(而非正常生理值)。例如,术前注射镇静药物会使动物心率下降,如果术中动物心率始终维持不变且其他监护指标无明显改变,则视为正常。

术中发现某指标发生变化时,应立刻查找原因,而非指标明显改变或机体处于危险状态时才做出反应。所有相关用药应在术前计算好用量,提前备好。

术中主要需要监护的指标如下。

(1)心率。
对于术前用药引起的心动过缓,应使用相应的拮抗剂。
(2)呼吸。
呼吸急促:动物疼痛,应增加止疼药的使用,可使用利多卡因。
呼吸减弱:动物麻醉状态过深,应降低麻醉深度,进行正压通气时需关注气道压力值,防止损伤动物气道。
(3)血压。
血压变低时,可为动物进行扩容补液,依次为动物输注多巴胺、多巴酚丁胺、肾上腺素。
(4)血氧饱和度。
血氧饱和度应大于95%,若动物血氧饱和度降低,可增加氧分压,为动物进行扩容输血、正压通气。
(5)呼吸末二氧化碳分压。
正常值为30%~45%,若指标升高,表示动物肺通气不足,应检查动物呼吸通路是否通畅,增加氧分压,同时调节麻醉深度,进行正压通气。
(6)心电图。
①室性心动过速或心律不齐:可通过使用利多卡因进行纠正。
②窦性心动过缓:可能由颅内压升高、低体温、低血钾、低血氧等引起。
③心室纤维性颤动:使用肾上腺素增强效果后电击除颤。
(7)体温。
整个麻醉过程中,体温控制至关重要,多数低体温是由麻醉血液灌流不足导致的,应打开加热台或采取其他保温措施。

五、急救

(1)改变动物体位,令其头部降低约15°,以增加脑供血量。
(2)实施胸腔按压:犬60~80次/min,猫约120次/min。
(3)建立呼吸通路。

(4)进行体征重建。
(5)时刻保持血液灌注,以防心脑等缺血再灌注损伤发生。

 工作思考

可通过哪些项目判断麻醉深度?
(1)动物眼球位置。
(2)动物颚张力,动物整体肌肉的松弛情况。
(3)回缩反应。如果动物有回缩反应,则表示其还处在较浅的麻醉状态,不适合开始手术。

 工作考核

真题训练

内容	完成次数及时间	指导老师	被考核人员	是否通过	考核人员
手术期监护					

任务五　手术无菌原则

 工作目标

掌握动物外科手术的无菌原则。

 课程思政

主题:法治中国。
内容:打击医闹。

 工作内容

一、环境无菌

每台手术后,应收集并清洁所有器械,并对手术区域及时进行消毒。
每日应全面消毒手术室(熏蒸或紫外线消毒),对卫生死角及时进行清洁。手术室内禁止使用空调,应使用层流通风系统,并保持正压通风。手术室的门应使用脚踏式的,门口应设有准备间,以方便进行剃毛及体表清洁等操作。

二、器械无菌

所有手术器械必须经消毒灭菌后使用,手术过程中出现疑似污染器械时,应将其替换。

三、手术人员无菌

手术团队成员(手术人员)进行仔细的准备只能减少手术室内细菌的数量,而不能完全将微生物清除干净。应对手术人员术中着装进行严格规范的限制。所有进入手术室的人员必须穿戴口罩、帽子、鞋套。手术操作者还需穿戴手术衣及手术手套,注意穿戴手术衣及手术手套时,禁止触碰衣物外表面,应由助手协助系紧手术衣绳带。

四、操作无菌

对动物手术部位进行大面积剃毛,掉落的被毛应用真空吸尘器吸走。对于四肢手术,如果不需要暴露动物爪部,则需要在动物肢体远端套上无菌手术手套并使用胶带固定悬吊。

手术动物的准备及消毒(微课)

之后对患部进行严格消毒,建议使用洗必泰、碘伏进行消毒,避免使用酒精(酒精挥发会降低动物体温)。

手术创巾建议使用一次性的,且铺设范围要大。铺设创巾的区域及该区域上方均应为无菌环境。手术过程中,任何未消毒的人员及物品禁止触碰或进入该区域,传递物品时要绕过该区域。

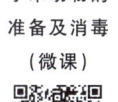

手术人员的准备与消毒(微课)

术中严格遵守外科手术无菌操作原则,对于可能出现污染的手术,如胃肠道手术,接触过污染区域的物品必须及时更换。

 工作考核

内容	完成次数及时间	指导老师	被考核人员	是否通过	考核人员
环境无菌					
器械无菌					
手术人员无菌					
操作无菌					

真题训练

任务六 外科基础技术

工作目标

认识外科手术缝合线,并掌握打结、缝合和止血的方法。

打结（微课）

器械打结（微课）

徒手打结（微课）

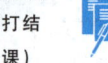

缝合的基本原则及缝合材料（微课）

缝合（微课）

宠物外科手术的基本认识（微课）

常用减张缝合（微课）

常用内翻缝合（微课）

腹腔打开常规通路（动画）

课程思政

主题：科学思维。

内容：当代医圣——裘法祖。

工作内容

一、缝合线识别

目前最常用的缝合线（缝线）为可吸收缝线（PGA 缝合线、聚乙醇酸缝合线）和不可吸收丝线。

PGA 缝合线为多股缝合线，约 2 周之后张力减小，约 2 个月内可被动物逐渐吸收，其打结安全性相对稳定，对缝合组织的刺激较小。

丝线：传统多股手术缝线，吸收时间较长（可达 2 年以上），对缝合组织具有刺激性，对于张力不大的腹腔手术，利用皮肤钉合器可以最大限度地降低线道对皮肤的刺激。

二、打结方法

常用打结方法有器械打结法和徒手打结法。

假结和滑结都属于错误的打结方式，易松脱。假结是由绕线时线的旋转方向错误导致的，滑结是由拉线时线两边受力不均导致的。使用 PGA 缝合线时，由于缝线摩擦力较小，为防止滑脱，建议采用四重结。

三、缝合方法

常用缝合方法有结节缝合法、连续缝合法、锁边缝合法、水平褥式内翻缝合法、荷包缝合法、八字缝合法。

应注意，对于腹壁的缝合，缝合线只能贯穿腹壁肌肉而不应贯穿腹膜，腹膜的缝合对于腹壁的愈合没有决定性作用，缝合线刺激腹膜反而会使动物疼痛加剧。

四、止血方法

（1）压迫止血法。

术中最常用的止血方法，使用纱布压迫血管使出血处血小板凝集，并使纤维蛋白原等汇集形成血栓，达到止血的目的，该方法只适用于毛细血管、出血量较小的血管及其他血管的临时止血。使用压迫止血法后应反复确认是否确实已止血，必要时应联合使用其他止血方式。

（2）结扎止血法。

术中遇到较大出血点时，应使用止血钳准确钳夹出血血管，尽量只钳夹血管，结扎时只结扎血管，结扎到周围组织会使结扎线松脱。腹腔镜手术中，可使用钛夹替代缝线进行结扎止血。结扎止血法是相对可靠的止血方法，用于对较大血管的止血。

（3）电凝止血法。

使用高频电刀对出血点进行灼烧使灼烧点凝固达到止血效果。应尽量避免灼烧周围组织,以减小损伤。该方法的优点是方便快捷,缺点是容易伤害到周围组织,同时会产生大量烟雾,影响手术操作。

(4)药物止血法。

在出血点处局部滴注药物使血管收缩达到止血效果,常用肾上腺素作为局部血管收缩止血药,一般将药物滴于纱布上与压迫止血法联合使用。此方法只适用于较小的血管。

(5)超声刀止血法。

令工作头产生高频超声震荡,使接触组织细胞内水分汽化凝固。此方法比较可靠且不产生烟雾,不会发热,对周围组织损伤较小。该方法目前多用于腹腔镜手术,但价格昂贵。

膀胱切开术
(动画)

去势(动画)

绝育(动画)

胃切开术
(动画)

常用对接
缝合(微课)

真题训练

 工作思考

练习徒手打结,1 min 内应至少打结(无滑结)40 个。

工作考核

内容	完成次数及时间	指导老师	被考核人员	是否通过	考核人员
缝合线识别					
打结方法					
缝合方法					
止血方法					

任务七　常见宠物牙科技术

 **工作目标**

掌握与动物牙齿有关的基本知识,能识别常规牙科器械,掌握超声洁牙术。

 课程思政

主题:科学思维。
内容:健康刷牙方式的科普。

工作内容

一、牙齿简介

1. 牙齿的构造
牙齿的结构包括牙釉质、牙本质、牙骨质、牙髓。
(1)牙釉质:也称为珐琅质,是牙齿最外层的组织,为牙冠的最外一层,成熟的牙釉质为白色半透明的钙化程度最高的坚硬组织。
(2)牙本质:又称牙质,是动物牙齿的主体成分,其为高度矿质化组织,硬度仅次于牙釉质。
(3)牙骨质:包裹在牙根表面的较薄的骨样组织。
(4)牙髓:位于牙髓腔内,包含血管、神经、结缔组织等。

2. 齿式
犬猫幼龄时期的牙齿称为乳齿,犬猫成年以后的牙齿称为恒齿。
(1)幼犬的乳齿有28颗,成年犬的恒齿有42颗,具体犬齿式如表8.3所示。

表8.3 犬齿式

齿式	乳齿	恒齿
上齿弓	3-1-3	3-1-4-2
下齿弓	3-1-3	3-1-4-3
总数	28	42

(2)幼猫的乳齿有30颗,成年猫的恒齿有26颗,具体猫齿式如表8.4所示。

表8.4 猫齿式

齿式	乳齿	恒齿
上齿弓	3-1-3	3-1-3-1
下齿弓	3-1-2	3-1-2-1
总数	26	30

3. 齿根
齿根为牙骨质所覆盖的、固定在牙槽窝内的部分,其对牙体起到支持作用。
(1)犬单齿根齿:切齿;犬齿;上下颌第1前臼齿;下颌第3臼齿。
(2)犬双齿根齿:上颌第2、3前臼齿;下颌第2、3、4前臼齿;下颌第1、2臼齿。
(3)犬三齿根齿:上颌第4前臼齿;上颌第1、2臼齿。
(4)猫单齿根齿:切齿;犬齿;上颌第1前臼齿;上颌第1臼齿。
(5)猫双齿根齿:下颌第1、2前臼齿;下颌第1前臼齿;上颌第2前臼齿。
(6)猫三齿根齿:上颌第3前臼齿。

4. 牙齿的更换及脱落

随着动物年龄的增长,牙齿会出现更换和脱落的情况。可以根据动物牙齿的情况推测动物的年龄,但因为动物饲养情况不同,可能会出现一些误差。犬猫换牙期为 4～6 月龄,自然生长状态下,中、大型犬的牙齿更换及磨损状态较为规律,具体如下。

(1)4～5 周乳切齿生发。
(2)6～8 周乳前臼齿生发。
(3)5 个月恒切齿长齐,第 3 切齿尚未磨损。
(4)6 个月恒犬齿生发。
(5)1～3 岁下颌第 1、2 切齿尖峰磨灭。
(6)3～4 岁上颌第 1、2 切齿尖峰磨灭。
(7)5～6 岁下颌第 3 切齿尖峰逐渐磨灭。
(8)7～8 岁下颌第 1 切齿磨至齿根,磨面纵长。
(9)9～10 岁下颌第 2 切齿和上颌第 1 切齿磨面纵长。
(10)11～14 岁切齿、臼齿逐渐全部脱落。
(11)15～18 岁犬齿脱落。

二、常规牙科器械识别

常见的牙科器械如下。
(1)牙石钳:用于清除大块附着的牙结石。
(2)牙科剥离子:用于剥离骨膜。
(3)牙科镜:用于观察不能被直视看到的牙齿表面或口内结构。
(4)牙周探针:用于探测牙周袋深度及形状。
(5)牙铤:用于切割牙周韧带及组织使牙根与牙周组织分离。
(6)刮治器:用于刮除龈下结石及残渣。

三、超声洁牙术

超声洁牙术又名龈上洁治术,即利用超声波清除牙齿表面的结石及牙菌斑等,以保持牙齿表面清洁并延缓牙石及牙菌斑的再沉积。

超声洁牙术的实施步骤如下。
(1)外观评估。对牙齿颜色、牙齿生长状况、牙石等做初步评估。
(2)X-线评估。对于有中度至重度牙结石的动物或老年动物,必须进行 X-线评估,需要确认牙根是否有病变,还要评估牙槽骨生长状况,避免在治疗过程中出现其他状况或引起不必要的纠纷。
(3)口腔消毒及局麻。麻醉状态稳定后,应对口腔进行彻底消毒,包括牙齿内外侧面及舌头,推荐使用洗必泰或其他口腔冲洗剂,消毒完成后进行口腔传导阻滞。传导阻滞对于需要拔牙的动物尤为重要。
(4)超声洁牙。对于过大的牙石,应首先使用牙石钳进行清洁,然后使用超声洁牙工作尖对牙齿进行洁治,需特殊注意的是,每颗牙齿每次的洁治时间不应超过 5 s,若时间过长,工作尖产生的高温可能会损伤牙齿。洁治时禁止使用工作尖最尖端清洁牙齿,高频振动可能在牙釉质表面形成损伤,应使用工作尖前三分之一弯曲处进行洁治。

(5)抛光。洁治完成后务必使用抛光膏对牙齿表面进行抛光,这可有效保护牙齿,延缓牙菌斑的滋生。

  工作思考

犬易患的牙科疾病有哪些?

(1)乳齿滞留。在小型犬中常见(如约克夏、博美、贵宾犬等),多见切齿及犬齿的滞留。乳齿的存在会影响恒齿的生长,且此位置易积聚食物残渣及毛发。超过7个月的犬的乳齿很难自然脱落,不及时拔除可见牙结石的大量积聚,可能引发牙龈炎、牙周炎。

(2)牙龈炎。牙龈组织有炎症,通常由牙菌斑、牙结石等引起。患病动物可能出现口臭、牙龈红肿、牙龈轻度萎缩、牙龈出血等症状。应采用超声洁牙术进行治疗,不及时治疗会逐渐演变为牙周疾病。

(3)牙周疾病。牙周组织有炎症,通常伴发牙龈炎,或由牙龈疾病引发。患病动物通常出现口臭、齿龈红肿、牙龈严重萎缩、牙槽骨溶解、齿槽内脓肿、牙齿松动等症状。此时,动物嘴部通常较敏感,食欲可能减退,喜食罐头或柔软的食物,不愿啃咬玩具。如果不及时治疗,动物牙齿会逐渐脱落,面部可能出现瘘道,可能出现口鼻瘘(口腔与鼻腔相通),也可能会导致下颌骨骨折。随着感染的进一步加剧,有可能还会引发心肌炎、肾脏疾病。

(4)齿折。通常由外伤引起,比如碰撞、磨损等。牙齿断裂后,可能会使根管暴露,造成牙髓腔的感染,之后随着感染的加剧,炎症会向根尖部发展,引发牙周疾病,甚至出现瘘道。

  工作考核

真题训练

内容	完成次数及时间	指导老师	被考核人员	是否通过	考核人员
常规牙科器械识别					
超声洁牙术					

任务八　器械保养

  工作目标

能正确对手术器械进行存放、清洗和消毒,并能正确使用器械。

工作内容

外科手术中需要使用的器械非常多,部分器械价格昂贵,正确进行器械保养工作可以延长器械的使用寿命,降低医疗成本。

一、概述

超过75%的手术器械由不锈钢制成,然而并没有真正的"不锈钢"。所谓的不锈钢,实际上仍然会受到水渍污染或被染色,而这与通常意义上的铁锈是两回事。大多数情况下,器械上的"锈"是由表面沉积物引起的污渍,这些沉积物颜色各异,这取决于沉积物的类型。

为提高不锈钢的耐腐蚀性,手术器械厂家采用了特殊的两步防腐工艺。但仅依靠防腐工艺仍不足以保证器械具备最长使用寿命和发挥最大效用。为降低手术器械成本,许多医院认为器械的保养胜于维修。因此,越来越多的医疗机构开始制定合适的器械护理标准和方案。

为尽量延长手术器械使用寿命,应在整个器械清洗过程中排除故障,并定期检查器械是否有腐蚀、磨损迹象。

二、器械存放

外科手术器械存放应遵循以下原则。
(1)如非立即使用,应将器械置于原包装内或器械盒内。
(2)小心触碰,避免划伤表面,损坏保护涂层。
(3)避免突然的或强烈的撞击,防止损伤经热处理的带刃器械。
(4)确保器械清洗后完全干燥。
(5)妥善放置锋利器械,避免它们相互接触。
(6)注意保护锋利器械的尖端。
(7)统一器械口朝向,将器械倒置,防止水滴凝聚。
(8)将非金属器械分开存放。

三、器械使用

应正确使用器械,为避免不必要的器械滥用,强烈建议器械只使用于其特殊设计目的。相关注意事项如下。
(1)止血钳应仅用于夹持血管,请勿将其用作持针钳、管道夹或其他用途的钳子。
(2)器械滥用会导致器械错位,并可能导致器械过早开裂和锯齿损伤。
(3)请勿将持针钳作普通夹钳使用,否则会导致刃口错位,应始终确保持针钳与待用针大小匹配。
(4)剪刀混用容易导致刃口钝化或刀片错位。眼用手术剪极其精密,必须正确使用。
(5)骨切割钳和咬骨钳仅可用于骨骼,剪针钳或剪线钳仅可用于金属。
(6)传统骨凿和咬骨钳应手持使用,应从钢板或螺钉处进行凿骨。

四、器械清洗和消毒

器械清洗和消毒步骤如下。

(1)浸泡。及时将所有器械浸泡于高质浸泡液中,这可有效防止血液、组织液等其他残留物在器械上硬化。

(2)刷洗。用尼龙器械软毛刷在溶液中对器械进行手工清洗。必须特别注意锁扣、锯齿和其他难以清洗区域的清洁。所有手术残留物都应在这一步骤中得到清除。切勿使用打磨粉和钢丝球。应始终使用蒸馏水漂洗。

(3)清洗。使用优质的专门洗涤剂或清洗液,在器械处于打开状态时清洁器械。注意不要使用过多的洗涤剂或清洗液(遵照制造商指示使用)。此外,还可以使用超声清洗法,它是清洗器械最有效的方法,应按照器械制造商的建议使用清洗液和设置清洗参数。

(4)检查。彻底清洁和干燥器械后,应仔细检查器械,必须确保所有活动部件可正常顺畅工作,注意检查尖物和锯齿的刃口是否有损坏。

(5)润滑。对器械进行润滑可避免运动部件卡死,使器械处于良好的工作状态。可使用良好的水溶性润滑剂润滑手术器械。无油、无硅溶液可使器械处于最佳工作状态。

(6)消毒灭菌。蒸汽灭菌法是最佳的灭菌方法。如有条件,可预热高压锅。根据需要将器械放置于独立灭菌袋或灭菌套里。灭菌袋应足够宽大,使器械处于打开状态而非关闭状态。注意蒸汽不能作用于所有金属表面。此外,由于灭菌过程中金属会膨胀,器械可能在应力区域产生裂纹。应确保在高压灭菌器中使用的毛巾的pH值为7左右,且无漂白残留物。干燥时间切勿太短,如在器械干燥前打开高压锅门,冷空气会凝结于器械上形成污点和斑点。

工作思考

保持器械处于最佳状态的注意事项。
(1)在使用器械之前需要对器械消毒,请确保消毒好的器械在使用前保持包装完好。
(2)如果发现器械被腐蚀,应立即停止使用。
(3)归置锋利器械时,应避免器械相互接触。
(4)非金属器械应分开存放。

常规手术器械的识别(微课)

工作考核

真题训练

内容	完成次数及时间	指导老师	被考核人员	是否通过	考核人员
器械存放					
器械使用					
器械清洗和消毒					

任务九　手术护理工作流程

工作目标

掌握手术护理工作流程。

课程思政

主题：职业精神。
内容：新闻——癌症老人在护理师的悉心照料下病情好转。

工作内容

手术护理工作是一项需要非常注意细节的烦琐工作，工作者需要储备大量的专业知识。手术前至手术后的整体手术护理工作流程如下。

(1)确认手术时间，核对动物信息。
(2)带动物进行术前检查。
(3)确认动物各项指标合格后，令家长签署手术同意书和麻醉同意书等，令家长结清手术相关费用(确认是否住院并确定出院日期)。
(4)将动物放在合适的笼位。
(5)为动物戴好头套。
(6)准备输液泵、输液架，询问医生是否需要准备保温设施。
(7)放置并检查留置针，连接头皮针。
(8)检查输液泵，开始输液。
(9)进行手术。
(10)术后苏醒期护理。
①保护好未完全苏醒的动物，避免其摔倒或撞笼。
②及时检查输液速度及输液量。
③监测动物的心率、呼吸状态、体温、可视黏膜颜色等。
④动物苏醒后，及时为它戴上头套，应确保颈圈松紧合适、头套大小适中，不要硬拉头套，避免动物颈部受伤。对于有攻击性的猫，应在其未完全苏醒前为其戴上头套，但禁止通过拉扯头套调整松紧度。
⑤令动物禁食禁水指定时间。
⑥注意观察伤口有无渗血，敷料有无脱落。

(11) 按处方要求，为动物配置术后口服药物、外用药物，准备术后医嘱单。
(12) 拆除留置针、弹绷。手术医师、麻醉师应与家长沟通术后注意事项。
(13) 核对新账单，令家长结账。
(14) 小心把猫放入猫包(取下头套)，把犬放入航空箱，交给家长。
(15) 令家长带走医嘱单、药物等。
(16) 处理医疗废弃物，将输液泵归位，将加热板拔下归位。
(17) 进行笼位清洁与消毒。
(18) 将监护表归档。

工作思考

制作一份科学实用的监护表。

工作考核

内容	完成次数及时间	指导老师	被考核人员	是否通过	考核人员
手术护理工作流程					

真题训练

参考文献

[1] 朱要宏,宋泉江.犬猫临床用药手册[M].2版.北京:中国林业出版社,2019.
[2] 周庆国,罗倩怡,吴仲恒,等.犬猫疾病诊治彩色图谱[M].2版.北京:中国农业出版社,2018.
[3] 约翰·马顿,达纳·尼利.小动物影像医师X线实训宝典[M].姜晨,李朋,译.北京:中国农业出版社,2020.
[4] 董军,李丛林.犬猫用药速查手册[M].3版.北京:中国农业大学出版社,2020.
[5] 李尚同,王权勇.宠物临床检查技术[M].北京:化学工业出版社,2022.
[6] 王金福.宠物临床基础治疗技术[M].北京:化学工业出版社,2022.
[7] 唐兆新.现代宠物医生手册[M].北京:化学工业出版社,2022.
[8] 胥辉豪,黄庆洲,李前勇,等.犬猫美容与护理学[M].2版.重庆:西南师范大学出版社,2021.